JN128100

古代文献『ホツマツタヱ』に記された創造神

天御祖神(あめのみおやがみ)の降臨

大川隆法
RYUHO OKAWA

本霊言（第2章）は、2018年7月23日、幸福の科学 特別説法堂にて、
公開収録された（写真上・下）。

まえがき

まことに不思議な書物であろう。

私の二千五百書目にあたる本書こそ、現代の『ホツマツタヱ』かもしれない。

本書は、日本人に対しては、日本の文明化された歴史が約三千年ではなく、三万年であることを伝えている。そして現代の常識に反して、日本文明がユーラシア大陸やムー大陸に伝わったことを教えている。

さらに、日本神話に記(しる)されるべき創造神が、「天御祖神(あめのみおやがみ)」と呼ばれるアンドロメダ銀河から来たメシアであることを語っている。そして天空から降臨(こうりん)したその姿を描写(びょうしゃ)した記述は、「世界初」といってもよいだろう。まだまだ謎の多い霊存在であるが、まずは最初に、この知的衝撃に耐えてほしいと思う。

二〇一九年　一月十三日

幸福の科学グループ創始者兼総裁　大川隆法

天御祖神の降臨　目次

第2章　日本文明のルーツを探る　天御祖神の降臨

二〇一八年七月二十三日　霊示
幸福の科学 特別説法堂にて

3 天御祖神の教えとは 165

9　まだまだ奥がある天御祖神の教え　

「霊言現象」とは、あの世の霊存在の言葉を語り下ろす現象のことをいう。これは高度な悟りを開いた者に特有のものであり、「霊媒現象」（トランス状態になって意識を失い、霊が一方的にしゃべる現象）とは異なる。

なお、「霊言」は、あくまでも霊人の意見であり、幸福の科学グループとしての見解と矛盾する内容を含む場合がある点、付記しておきたい。

第1章　天御祖神とは何者か

二〇一五年十月三日　霊示

東京都・幸福の科学総合本部にて

天御祖神（あめのみおやがみ）

『古事記（こじき）』や『日本書紀（にほんしょき）』よりも古いとされる古代文献（ぶんけん）『ホツマツタヱ』に出てくる「祖（おや）」に当たる神。幸福の科学では、「イエスが『父』と呼んでいた主と同一霊（れい）存在である」と説かれている。

［質問者三名は、それぞれA・B・Cと表記］

1　日本の根本神、「天御祖神」の秘密に迫る

資料がほとんど存在しない「天御祖神」

大川隆法　今日（二〇一五年十月三日）は、ある意味では遅きに失しているのかもしれないとは思いますが、天御祖神について調べてみたいと思います。

紙一枚分だけ資料が用意されましたので、「おっ、どこから出てきた資料かな」と見たら、すべて私が書いたものから集めたものでした。

『日本神道的幸福論』と、『真の平和に向けて』『されど、大東亜戦争の真実インド・パール判事の霊言』（いずれも幸福の科学出版刊）のあとがきと、この三カ所から抜き出したものです。

私が書いたものを、私が参考にしてもしかたがない感じがしますが、それくらい「資料がない」ということでしょう。

読み方さえ、「あめのみおやかみ」なのか、「あめのみおやのかみ」なのか、「あめのみおやがみ」なのかも分かりません。神社もなければ、祀られてもいないので、よく分からないのです。

私が見たかぎりでは、『ホツマツタヱ』という史料には出てくるのですが、もしかしたら、何か、ほかにも出ている可能性もあります。

ただ、『ホツマツタヱ』自体も、まだ、日本史のなかでは、正式な正史としては認められてはいないものだと思われます。本当に、『古事記』『日本書紀』に先立ちてあった原史料の一つのようなものなのか、あるいは、それ以降の中世、江戸期あたりにつくられたのではないかという説も、ないわけではありません。

ただ、『ホツマツタヱ』には、「秀真文字」という、独特の古代文字が使われていて、これは、イラク系統の古代文字、いわゆる楔形文字にも似ているし、エジプトあたりの字にも似ています。

字の形から見ると、ルーツ的にはそれらとあまり変わらないようなものから来ているのではないかと思われるので、もし、中世にこれをつくった人がいるとしたら、ラテン語とかサンスクリット語などの、人工言語をつくったのと同じぐらいの能力のある人でなければ、つくれないのではないかと思うのです。

いずれにしても、日本の歴史は、昔に

メソポタミア文明で使用されていた古代文字の「楔形文字」。

古代エジプトで使われていた象形文字の一つ「ヒエログリフ」。

漢字伝来以前の古代日本で使用されていたとされる神代文字の一種「秀真文字」。

なるほど分からなくなってくるのは事実です。

そして、歴史も、考古学的に解明しようとする傾向が強いので、土を掘って出てくるものばかりを探していると、古代に遡ると、貝塚とか、土器とか、青銅の鏡とか剣とか、そんなものぐらいしか出てこないので、昔に高度な文明とか信仰があったということは、なかなか分かりかねるものがあります。

つまり、「『古事記』『日本書紀』よりもっと昔」ということになると、どんなふうになるのか。あるいは、人の体も曲げて、土葬して、大きな石を載せたぐらいの時代にしかならないのか、分かりかねるものはあります。

『古事記』『日本書紀』と『ホツマツタヱ』の「始めの神」の違い

大川隆法　西暦七一二年成立と思われる『古事記』は、日本文（変体漢文）で書かれたような歴史書になっているので、神話性が非常に強く出ています。

一方、七二〇年ぐらいに成立したと思われる『日本書紀』のほうは、全部漢文体で書かれています。これはたぶん、外国向け、外国といっても主として中国向けに、日本の歴史を示すために書かれたものだと思われますが、この『日本書紀』のほうでは、神話性がかなり削られています。

・『古事記』に登場する神

具体的に見てみると、『古事記』に登場する神様は、最初に出てくるのは天御中主神です。「天の中心、宇宙の中心の神」という感じで、「独り神」で、結婚もせず、肉体も持っていないような、天空神のようなかたちで出ています。

・『日本書紀』に登場する神

一方、『古事記』と成立年が八年ぐらいしか差がないと思われる『日本書紀』

になると、『古事記』の最初のころの神々がサーッと消えていって、『古事記』では途中から出てくる国之常立神が、最初に出てくるのです。「始めの神は、国之常立神」というふうに出ています。

・『ホツマツタヱ』に登場する神

この両者に比して、『ホツマツタヱ』といわれているものは、古代文字（秀真文字）で書かれているのですが、「あいうえお」に当てた読み方ができるようです。なぜできるのかは、私は分からないのですが、研究家は読めるらしいのです。古代のヒエログリフでも読むようなつもりでやれば、当てはまるようにできるのかもしれません。

日本人の字ではないような感じもするのですが、漢文というか、中国の漢字とか朝鮮の言葉とは違うものが何かあったらしいということは言えます。

この『ホツマツタヱ』のなかでは、『古事記』『日本書紀』とも違う見解が採られていて、「いちばん最初の神様」として天御祖神が出ていて、二番目が天御中主神、三番目が国之常立神と、この順で三人並べてあるのです。天御祖神が出ているのは、これしか私は見たことがありません。

しかも、本文中を読むかぎりは、初代天皇として国之常立神が出ていて、これは肉体を持って生まれたことになるのですが、この国之常立神が、天上界に還って天御中主神になったというふうな記述もあるのです。このへんは少し矛盾するようにも見えます。

「天照大神は男神」という説をどう見るか

大川隆法　それから、「天照大神は男神だ」という説もあるのですが、『ホツマツタヱ』には、これが強く出ています。

『ホツマツタヱ』を読むと、何回も天照大神が出てくるのです。『古事記』や『日本書紀』にはそんなに出てきませんが、『ホツマツタヱ』には何度も何度も出てくるのです。そして、それを天御祖神が天上界から指導しているようなかたちで出て、天照大神は、この世で治めているかたちに書かれてあるのです。

『古事記』では、天照大神も天上界にいて、その孫の邇邇芸命が天孫降臨して高千穂峰に立ち、天皇家の先祖になったということになっていて、邇邇芸命から以降は、肉体を持って出てきたことになっているわけです。

しかし、『ホツマツタヱ』では、天照も地上に出ていたような感じに書かれているわけです。しかも「男神」であって、お妃がいる。お妃の名前まで書いてあり、子供が生まれたことも、いっぱい書いてあります。

なぜ、そういう記述になっているのかについて、やや疑問はあるのですが、後世、「天皇家の男系男子が歴代天皇を継いでいる」ということと、「天照大神が、天皇家の肉体先祖に当たる」ということになっていて、これは戦前からそうなっているわけです。

しかし、『古事記』を読むかぎりでは、天照大神は肉体先祖ではなく、天上界の神様であって、その孫である邇邇芸命から、物質化して、肉体になって降りてきたようなかたちになっているので、肉体先祖とは必ずしも言えない書き方になっているわけです。

これが、『ホツマツタヱ』が書くように、天照大神が地上に生き、お妃をもらって子供を産んだということだとしたら、これは確かに、肉体を持ってきていたというかたちになります。

しかも「男だった」ということになれば、男の天照大神の子孫が天皇だということになり、つながるかたちになるので、『古事記』『日本書紀』よりあとに、天皇家の支配を正当化するために書かれたという可能性も、ないとも言えないのです。しかし、古代文字との関係から見ると、不思議な感じもするわけです。

ちなみに、『ホツマツタヱ』では、月読命も須佐之男命も男神になっているので、「三貴神ともに男」ということになるわけです。

『古事記』『日本書紀』では、伊邪那岐大神が、黄泉の国から帰ってきて、阿波岐原で、伊邪那美の穢れを祓うために禊祓いをするわけですが、最初に左目を洗って天照大神が生まれて、右目を洗って月読、鼻を洗って須佐之男が生まれてきて、これが「三貴神」というわけです。そのほか、着ている武具とかいろいろなところを洗ったりしているうちに、十人ぐらいまた生まれたりするわけですが、そちらのほうには女の神様が生まれたような書き方はされています。

いずれにしても、神話に彩られた内容ではあるので、よくは分かりません。

ただし、『古事記』では、天照大神は「女性の神」として書かれていると思われるのですが、『日本書紀』のほうでは、「男の神様」にも読めるような書き方をされています。これも、七一二年と七二〇年という、同じ時期に朝廷でつくられたものとしては、あまりにも矛盾しすぎていて、分かりにくいところがあります。

ただ、霊的に視るならば、今も、われわれが調べてみても、天照大神の魂のなかには、男性霊と女性霊と両方存在しているので、「霊的に視たら、どちらとでも言える面は確かにあるのかな。そういうことなのかもしれない」ともいう気もします。

ですから、地上に生きたときの性別を調べたというよりは、もしかしたら、「神降ろし」をする人はいたであろうから、降ろしてみたときに、男性神として現れたか、女性神として現れたかによって、そういうふうに書き分けをされた可能性もあります。

いずれにせよ、『古事記』『日本書紀』とも、日本各地の『風土記』等から材料を集めて、そのなかから選別されて書かれたと言われているので、取捨選択はなされたであろうとは思います。

「神様には性別がない」という説

大川隆法　「持統天皇（六四五～七〇三年）が、自分の女性統治を正当化するために、天照大神を女性にしたのだ」という説も立ってはいるのですが、今の日本神道、皇室、神社系統の、主とした流れから見るかぎりは、天照大神を「女神」と捉えているものが多いと思われます。

ちなみに、高千穂にある天岩戸神社に行きましたら、入り口のところに天照大神の銅像のようなものがつくられていますけれども、うりざね顔の、ほっそりとした女性として描かれております。また、天岩戸から光り輝く姿で出てきて、イエス・キリストの復活のように描かれている絵なども、女性として描かれているので、今は、主として女性と捉える向きのほうが強いのかと思います。

それから、戦前、戦中に読まれた、「教育勅語」をもとに書かれたと思われる修身の本を読んでみると、天照大神は女性として描かれていますので、そのころには、女性として固まっていたのではないかと思われます。

私たちも今まで、いろいろな人の過去世を調べてみたところ、男性に生まれたり女性に生まれたりしていますので、あまり詮索してもしかたがないかもしれません。「神様には性別がない」「如来から上は、男性も女性も区別はない」という説があって、「全員中性」という説もあります。

確かに、そういうところもあるでしょう。神様は「父親的な面」と、「母親的な面」と、両方を持っているので、性別というのは、あくまでも地上に肉体を持ったときのかたちにしかすぎないので、あの世では性別はないのかもしれません。

天御祖神とヴィシュヌ神との関係は？

大川隆法　ところで、私が書いたものとして、『日本神道的幸福論』（前掲）では、『ホツマツタヱ』には、天御祖神の分霊の扱いで、天御中主神もポンと出てくるということを書いてありますし、「モーセが書いたと言われる『旧約聖書』の創世記のような部分が『古事記』になかったので、その部分がこれで埋められた」というような書き方をしています。

ちなみに、天理教の教祖・中山みきは、私の母の過去世らしいという説になっていますが、中山みきが書いた『泥海古記』には、超古代の、〝九億年以上昔の話〟を書いてある部分があって、有明海みたいな泥の海のなかを、魚ではなくて、亀みたいなものが這い回っていたあたりから、天地創造の話が出てくるのですけれども、この創世期の部分が、やはり、世界的な宗教になるためには必要な部分でもあるのでしょう。

それから、『真の平和に向けて』（前掲）のあとがきには、「私自身、歴史上のイエス・キリストを天から指導し、彼が『父』と呼んでいた『主』であることを明らかにしている。その天なる父は、日本神道では、天御中主神、天照大神に先立ちてある、天御祖神と同一霊存在である」と書いてあります。

それから、『されど、大東亜戦争の真実　インド・パール判事の霊言』（前掲）のあとがきでは、「インド霊界ではヴィシュヌ神と呼ばれ、日本霊界では天御祖神と呼ばれる根源神がいて、分光神としてさまざまな高級霊が存在するということだ」、「日本文明のルーツはムー文明だと思われるし、インド文明のルーツはレムリア文明かと思われるが、ムーもレムリアも、同一世界神によって指導されていたと思われる」ということを、大胆に書いてあります。

『太陽の法』（幸福の科学出版刊）では、ヴィシュヌ神とエル・カンターレとのつながりについては書かれていなかったのですが、『太陽の法』を書いた私の三十歳のころには、まだ頭のなかでつながっていなかったと思われます。

今後、ヴィシュヌ神の位置づけが変わってくるかもしれない

大川隆法　確かに、インドの、今のヒンドゥー教、昔のバラモン教では、ヴィシュヌというのが、圧倒的な力を持った神様として存在していて、これが根源神的な存在で、釈迦牟尼仏、仏陀も、そのヴィシュヌの分身というふうに、インドでは理解されているわけです。

ヴィシュヌにはいろいろな顔があって、仏像によくあるように、顔がたくさん描かれていますが、ああいうふうに、「ヴィシュヌの顔の一つが仏陀である」と、仏教をヒンドゥー教のなかに吸収してしまっているのが、今のインドの現状かと思います。

そういう意味では、ヒンドゥー教が仏教を否定しているわけではなくて、ヴィシュヌの〝地上的な現れ方〟の一つというふうに理解しているという考えだと思います。

私も、昔の『太陽の法』を書いたころは、ヒンドゥー教を民族宗教というふうに理解していたので、あまり深入りしていないのですけれども、今のインドは、十三億の人口を擁し、まもなく中国を抜いて、中国以上の人口になるだろうと思われます（収録当時）。

そのように、インドが今、大国化しつつあって、中国と「次の覇権を争う」とも言われておりますので、もしかすると、この民族宗教と思われていたヒンドゥー教が、世界宗教化してくる流れが出てくる可能性はあるという気がします。そうしますと、ヴィシュヌ神も、「世界神的な位置づけ」に変わってくる可能性はあるのではないかと考えています。

宇宙人リーディングと似ているインドの宇宙観

大川隆法　ヴィシュヌ神というのは、いろいろな書き方をされていますが、「地球も含め、銀河系も含めて、この宇宙というのは、ヴィシュヌ神が天上界で蓮の葉っぱか何かの上で昼寝をして、まどろんでいるうちに、夢のなかに出てきた世界」というような書き方をされていて、話はすごく大きいのです。これと似たような話は、当会の宇宙人リーディングなどをしているときにも出てくるし、私の講演のなかでもよく出てきています。

例えば、「この銀河系が入っている、私たちが見ている宇宙というのは、本当の宇宙のなかに浮かんでいる水玉みたいなものであって、そういうものはいっぱい浮かんでいるのだ」とか、「私たちの所属する銀河系の入っている宇宙は、宇宙全体から見た場合の右目に当たる」とか、そういうことを講演会で言ったこともあります（『大川隆法　初期重要講演集　ベストセレクション①』〔幸福の科学出版刊〕参照）。

こういう見方自体は、ヴィシュヌ神的な宇宙観にかなり近いと思います。原稿もなしで、そのときの霊示のままに話していますので、どこからそれが出てきているのかは私にも分からないところはあるのですが、そういう側面もあるかもしれません。だから、このへんは、まだ少し、変動の余地がある部分かなと思っています。

特に、インドでは、当会の伝道がかなり盛んになってきましたので、ヴィシュヌ神と一緒にしておいたほうが便利でいいかもしれないなと思ったりすることもあるので、入れておいたほうがいいとも思います。「エル・カンターレが分からない？　ヴィシュヌ神ですよ」と言ったら話が簡単で、つなげておいたほうがいいかもしれないでしょうね。

「世界神」がよく出てくる、ユダヤ民族などは、世界に千数百万人ぐらいしかいないので、すごく〝小さい〟ですから、やはり、インドの十三億人というのは大きいわけです。

ですから、少しこのあたりも考えておく必要はあるかもしれませんし、インドはパキスタンとも戦争していますが、「あちらのほうのアッラーも、（ヴィシュヌ神と）一緒ですよ」と言ったら、またつながってくるような感じもします。それを許してくれるかどうかは分かりませんが、そういうことも考えられます。

そういうわけで、本来は、天御祖神を調べてから、いろいろ言うべきだとは思うのですが、調べる前にいろいろ書いているので、すでに先に走り出していると いうことです。

天御祖神を招霊する

大川隆法　さて、この神様を呼んだら、いったい何が出てくるでしょうか。私も呼んだことがないので、本当は実は分かりません。「ラ・ムーです」と出てくるか、「仏陀です」と出てくるか、あるいはそれ以外が出てくるか、ちょっと分かりません。出てこないかもしれないし、「天御祖神」そのままで出てくるかもしれません。

『ホツマツタヱ』のなかでは、前述したように、日本の神の一番目が天御祖神で、次が天御中主神で、その次が国之常立神になっているのですが、私がチェックしたところでは、その本文中に、不思議なことに、「(天御祖神は)地上に一回生まれている」という記述があるのです。

「最初の神で、根源神にして、地上に生まれている」というのはどういうことなのか。この前に地上に生まれたということであれば、日本か、あるいは日本とつながるあたりでなければおかしいはずなので、もしかしたら、古代日本に分霊が存在するのかどうか。これについては私も分かりません。

もしかしたら、「（地上に）出てきて、一万年前に日本国を建てた」とか言い出す可能性もないわけではありません。

とにかく、〝謎に包まれた部分〟がありますので、招霊して出てくるかどうか。出てきた場合に、誰を名乗るか。神様の顔はたくさんあるし、名前もたくさんあるので、分かりにくいのです。私はこの方を直接呼んだことがないので、ちょっと分かりません。

もし、「天御祖神」で通すつもりなら、それで相手をしてよいと思うし、いろいろなことを訊いてみて、全体の輪郭が出てくるようなかたちでもいいかと思います。

前置きとしてはそんなところです。
では、呼んでみますので、あとはよろしくお願いします。

質問者A　はい。

大川隆法　まあ、あっさりと、五分ぐらいで終わってしまう可能性も、ないわけでもありません。

（手を一回叩く）

それでは、（手を一回叩く）幸福の科学総合本部において、天御祖神をお呼び申し上げたいと思います。

天御祖神よ（手を一回叩く）、天御祖神よ（手を一回叩く）、どうか、幸福の科学総合本部に降りたまいて（手をゆっくり叩き続ける）、日本の根源神、根本神としてのご活躍、ご指導ぶり等、明かせるものがあるならば、明かしていただきたいと思います。

天御祖神よ、天御祖神よ、天御祖神よ。どうか、幸福の科学総合本部に降りたまいて、この日本の地にかかわる、その本当のお姿を明かしたまえ。

天御祖神よ、天御祖神よ、天御祖神よ……。

（約二十秒間、一定のリズムで手を叩き続けながら沈黙）

（約三十秒間の沈黙）

2 天御祖神、異言(いげん)を語る

インドの神との関係は？

質問者A　天御祖神様でいらっしゃいますでしょうか。本日は、幸福の科学総合本部、礼拝室(れいはいしつ)にご降臨(こうりん)たまわり、まことにありがとうございます。

天御祖神　うーん……。うーん……。うーん……。うーん……。（手を二回叩(たた)く。約五秒間の沈黙(ちんもく)）うーん……。

質問者Ａ　天御祖神様につきましては、私たち日本国民も記憶が遠く、正史ではない本である、日本古代史の『ホツマツタヱ』という古代文書にのみ、その名が記され、片鱗が示されております。

天御祖神　うーん……。

質問者Ａ　新しい日本の歴史の、未来を照らしていただくためにも、本日、何とぞ、ご指導を賜れればと、切に、切に、願っております。何とぞ、御言葉を、賜りたく存じます。

天御祖神　（瞑目のまま、首をゆっくり左右に動かし、約十秒間の沈黙）ウーン……。（約五秒間の沈黙）アア……、ウーン……。アア……、ウーン……。アアー、ウーン……。アア、ウーン……。
ウーン、ウン、ムクンダカラ、ポコロ、エンドロー、ユーツーコー、ウーン、ガーイールス、トローミヌッ
クスラブダラ、オコー、エンー、イー、ウーツァーイ、コンツー、アウ、グルー、イー……（以下、続く）。

質問者A　（苦笑）

天御祖神　オイゾロコ、カービール、レックイヤア、クイヤラ、ドコロブッサラデコ、エインヤカコラ、グツル、オア、アブルトカガペカラクイッテ、ゴイゴイジアラポ。

天御祖神の霊言を行う収録時の様子。

質問者A　天御祖神様、ありがとうございます。御言葉を賜り、感謝します。ただ、私たちには、言語の壁がございまして……、その思いを、なかなか、正確に感受することができません。

天御祖神　ブイヤガキコツイテキコロポイッシュージョ、シュー、テ、スレケイク、コアウ！　デ、グイー、シーボーツ、ドー、スー、ドゥー、チ、キー？　カイヤシュー、ドゥースドゥジキー？　カイエシュー、ブウ、ウーウールールータ……（以下、続く）。

質問者A　分かりました。何となく分かってきました。宇宙を創られたときの話をされているのではありませんか？

天御祖神　ウーン……ヤ……、ウウーン、イシ……シュッ！

質問者Ａ　いろいろ戸を開いて、魂（たましい）をバッと出したみたいな。

天御祖神　アアー、グウレディッキィイー、ウースルールスルースウースウー、スル、アア、イイー、ウウイリ、アラブンキーヤラッケエーディー、スイリヤー、スイヤー、ゴゴーアラ、テゲビッシェラカッ。

質問者Ａ　分かりました。だいぶ分かってきました。何か、あの、（以前に霊言（れいげん）をされた）ヒンドゥーの神々にも似た感じでいらっしゃる……。

天御祖神　ツアラウ、ガアオウチシャアノッ、シュシュワエラブボクガアイッ、クイエイ！　クイギリ、グイグルグルグルッ、テイコウセイ！

質問者B　畏(おそ)れながら、ヴィシュヌ神でいらっしゃいますか？

天御祖神　（やや強い口調で）ノゲガゴゴウッテテティ、クウーリン！　ダダ、ジイッシュ！　アアーッ！　ボチュッ、シャイシャーッ！　オウゲウルルイディグゴオー、ブイッシュ！

質問者B　違(ちが)う？

質問者A　「日本語」は、何か記憶がございませんか？　何か親しい、つながりがあるやに……。

天御祖神　アアー、ウズルーウズ、コオーッ、ウーーンヌルウ、ホオウーンノロウーウイヨーウ、グイグガッボレッシュア、ボルッシュナ、ボオーオウィッチャアアー、ウイッチャアー、ルヒキヤッ、コワエエイーシュウー、ドゴードードーゴ、ドードードッ、クウイッチイコオロ、ボゴロボゴロッタアアー、ウイッ！

質問者A　まことにありがとうございます。
　天御祖神様は、ゴータマ・シッダールタ、釈迦牟尼仏（しゃかむにぶつ）と縁（えん）があるとか、そういう過去の記憶は、ございませんか？

天御祖神　ウーン……。

質問者B　当会の霊査によりますと、八万年前に、主エル・カンターレのご分身が、インドにお生まれになったというようにも出ているのですが、八万年前の、ご分身の、ご存在でしょうか。

天御祖神　（約五秒間の沈黙）

質問者B　分からない？

質問者A　今、〝分からないことの感じ〟は、分かりました（苦笑）。

では、例えば、大川隆法総裁先生が、「最新霊界事情」というご演題で語ったときに、あるとき夢を見られまして、須弥山に、グウーッと上がって、インドの神々の最高峰の認定を受けた。その名は「スーリヤ」と言ったということがございました（『霊界散歩』〔幸福の科学出版刊〕参照）。「スーリヤ神」との関係も何か、思い出されることはございませんでしょうか。

これも分からない？

天空神アヌとの関係は？

質問者B　では、「天空神アヌ」という名前はご存じですか？

天御祖神　（約三秒間の沈黙）ハアー……、ハアアーッフウウ。

質問者A　地上に降りたんですか？　違う。これは分かりました。だいぶ分かってきた。

●天空神アヌ　古代シュメールの最高神。幸福の科学の霊査によると、地球神エル・カンターレのことであるとされる。『宗教選択の時代』（幸福の科学出版刊）等参照。

天御祖神　（舌打ちをする）ハアー……、ア……、ウーン……、アアー……。ウウーン、ア……、ウウーン、ウウンウーン、ウーン、ツ、ウウーンウン！　ア、ウーン、ウーン、ウウーン。ウーン……、ウウウウーン！　アアー！

質問者Ａ　何か思い出してきた感じがします。

天御祖神　（両腕（りょううで）をさまざまに動かしながら、歌う感じで）アア、アアー、ウーンウウン、ウウウウーン、クイヤラケ、クイヤラケ、クイヤラケー。ウウーン、クイヤラケ、クイヤラケ、クイヤラケー。ウーン。アアーヌーー（約十秒間延ばす）……（以下、続く）。

質問者Ａ　あの、天御祖神様、すみません。招霊（しょうれい）をされていらっしゃるんですか。

天御祖神　オウオー、アアウンー。

質問者A　何か日本神道の音楽のようにも似た、妙なる音律でありますけれども。

天御祖神　ウウーン。（音調を変えながら）ウウーンムウウ。

質問者A　招霊歌ですか、これは。何か霊域を司り、神域をつくっていらっしゃるんでしょうか。（約三秒間の沈黙）アヌ様ですか？（約三秒間の沈黙）天御祖神様。

天御祖神　（右手の人差し指で二回下をさしたあと、右手を顔の前で左右に振る）

質問者Ａ　下に行けということ？　地上に降りた？　それは「駄目だ」っていうことですか。

天御祖神　（両腕を胸の前でクロスさせる）

質問者Ａ　バツ？

天御祖神　（右手の人差し指で下をさしながら）アアーン、ヌー。

質問者Ａ　ああ……、（天空神）アヌとして地上に降りたということですか。

天御祖神　（両腕を胸の前でクロスさせる）

質問者Ａ　えっ、バツ（苦笑）。

質問者Ｂ　では、宇宙から来たということですか？

天御祖神　（机の上のおしぼりを持って）アーヌー。（おしぼりを置いて、その上にグラスを載せる）

質問者Ａ　ああ、天御祖神の魂が、アヌを指導したということでしょうか。メソポタミアにいた天空神アヌを、宇宙から、または天上界からご指導した、そのお役目をしていたと。こういうことですか？

天御祖神　（小さく何度もうなずく）

質問者C　そうしますと、天御祖神様は、根本神、根本仏的存在であると、理解させていただいてよろしいでしょうか。

天御祖神　（人差し指を右のこめかみに当てて、約十秒間の沈黙）

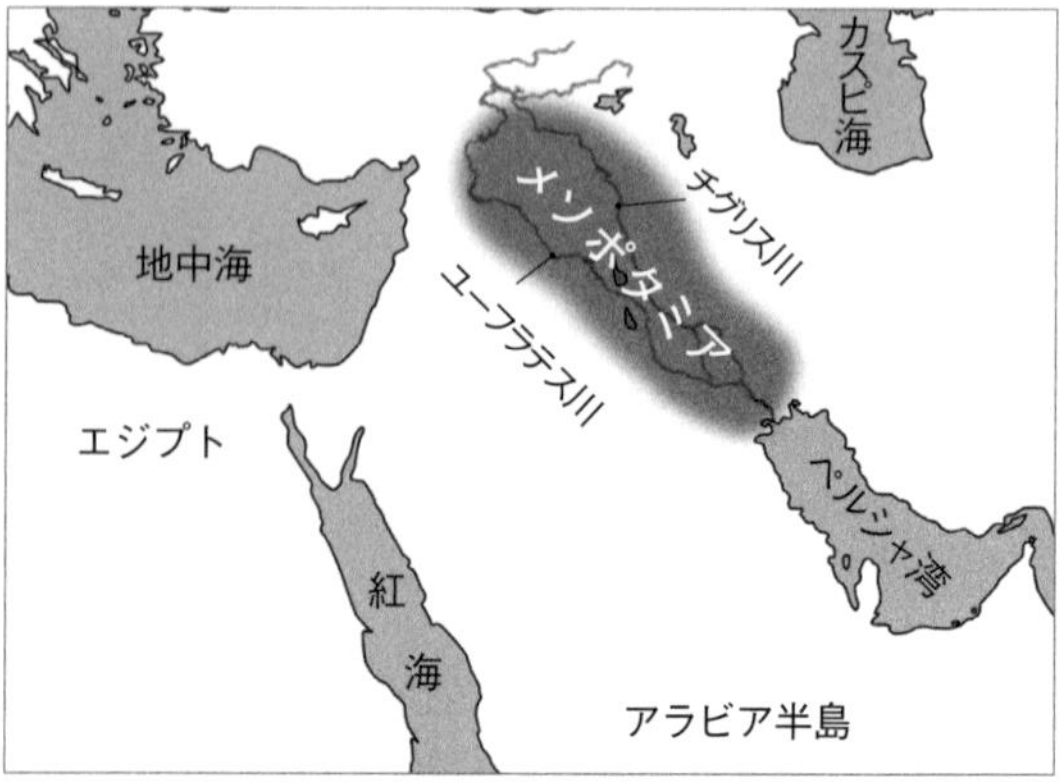

メソポタミアの位置。その南部地域はシュメールと呼ばれる。

3　秀真文字を使った霊言が始まる

古代日本を指導していた？

質問者Ａ　（ボードを取り出して）天御祖神様、こちら、ちょっとご覧いただくと、これ、日本の古代、日本史の『ホツマツタヱ』に、こういう文字がございます。

天御祖神　（静かな声で）うーん……。

質問者Ａ　ほんとにメソポタミアの、またシュメールの文字、また楔形文字とかに、ちょっと似た、類似性がございます。この文字についてはご存じでいらっしゃいますか？

天御祖神　（約五秒間の沈黙）（右手をAに差し出し、ボードを受け取る）

※以下、「　」内の大文字は、天御祖神が指でさした文字を質問者が読み上げたもの。

天御祖神　（秀真文字の書かれたボードの文字を順番に指でさす）

上は、秀真文字「あわうた」の一部（小笠原長弘写本ハツアヤより）。

秀真文字のボードを指さす。

「私(わたくし)は、天御祖神」

質問者Ａ　よく分かりました。やはり、御祖神様、実在していらっしゃったんですね。ご降臨(こうりん)、まことにありがとうございます。

そうしますと、古代日本の文字と今、通じ合っているということは、古代日本を指導したということではありませんか？

天御祖神　（うなずく）

質問者Ａ　古代シュメール等を指導したということは、（楔形文字と秀真文字は）似ている文字ですから、何かそこに類似性、関連性、密接なものがあるようにも思われますが。

天御祖神　（秀真文字の書かれたボードの文字を指でさす）

「宇宙神」

質問者A　あっ、宇宙神なんですか。

天御祖神　うん。

質問者A　ちょっと、地球神を超えて宇宙神になってしまうと、巨大になりますが。そんなに巨大でいらっしゃるんですか。

天御祖神　うん。

質問者A　「天御祖神というのは、宇宙神」。ははあー。天上界というよりも宇宙全体ですか、それは？

天御祖神　うん。

天御祖神は今、どこにいるのか？

質問者A　御祖神様は、肉体はお持ちになったことは、あるかないかというと、おありでしょうか、ないのでしょうか。ずうっと宇宙にいらっしゃるんですか。

天御祖神　うんうーん。（秀真文字の書かれたボードの文字を指でさす）

「今は、アンドロメダにいる」

質問者A　ああ、アンドロメダの神様なんですね？　「今は、アンドロメダ星雲にいる」と。では、今、アンドロメダ銀河から来られたんですか？

天御祖神　うん。

質問者A　遠い距離、空間を、ご移動いただいたということで、まことに、ありがとうございます。

天御祖神　うん。

●アンドロメダ　太陽系を含む天の川銀河から約230万光年の距離にある、天の川銀河の約2倍の規模の渦巻銀河。

質問者A　大川隆法総裁先生の宇宙人リーディングによって、霊査したところ、日本神道にも、アンドロメダの痕跡があったということが判明しておりますが、その流れということで、いらっしゃるわけですか。

天御祖神　（秀真文字の書かれたボードの文字を指でさす）

「日本神道の起源は、アンドロメダ」

質問者A　「日本神道の起源は、アンドロメダ」というメッセージを、今、頂きました。

天照大神、国之常立神について

質問者A　天御祖神様は天照をご指導されていたのでしょうか。

天御祖神　（秀真文字の書かれたボードの文字を指でさす）

「天照は太陽系」

質問者Ａ　「天照は太陽系」ということですか。

天御祖神　うん、うん。

質問者Ａ　ははあ……。独立したようなかたちで、太陽系ということでしょうか。

天御祖神　うん。

質問者Ｃ　そうしますと、あの、国之常立神（くにのとこたちのかみ）はどういうご関係でいらっしゃいますでしょうか。

天御祖神　うーん。（秀真文字の書かれたボードの文字を指でさす）

「地球」

質問者Ａ　あっ、天照は太陽系で、国之常立は地球ということでしょうか。

天御祖神　うん。

質問者Ａ　そして、アンドロメダに御祖神様がいらっしゃるということですね？

天御祖神　うんうんうんうんうん。

質問者Ａ　ははあー……。地球の神様なんですか？　国之常立神は。

天御祖神　（秀真文字の書かれたボードの文字を指でさす）

「農耕の神」

質問者Ａ　ははあ……。「国之常立神は農耕の神」。それで稲とかいろんなものを、食料を豊かにさせていく。

天御祖神　うん。

4　エル・カンターレと天御祖神の関係

天御祖神は「始まり」？

質問者C　そうしますと、天照大神（あまてらすおおみかみ）や国之常立神（くにのとこたちのかみ）との関係はどのように理解したらよろしいんでしょうか。

天御祖神　うーん……。（秀真（ほつま）文字の書かれたボードの文字を指でさす）

「私（わたくし）は、始まり」

質問者A　「私は、始まり」。

質問者Ｂ　「始原(しげん)の神」ということですか？

天御祖神　うんうん。うんうん。

質問者Ａ　なるほど。それは非常に、大きなスケールのお話でございまして、にわかにはこう受け止めるのが……。「全宇宙的な始まり」ということですか。

天御祖神　うん。

「地球神エル・カンターレ」との関係は？

質問者Ａ　と申しますのも、エル・カンターレとの関係が出てきますので。

質問者C　主エル・カンターレとのご関係は、ご分身(ぶんしん)というふうに……。

天御祖神　うーん。（秀真文字の書かれたボードの文字を指でさす）

「エル・カンターレは、一部」

質問者A　ちょっと待ってください。「エル・カンターレは、一部」って、今、おっしゃいませんでした？

天御祖神　うん、うん、うん。

質問者A　そうすると、天御祖神様のほうが、「上」のように聞こえてしまいますけれども……。

天御祖神　うん。うん、うん。

質問者A　いやあ……、一瞬（いっしゅん）、われわれ教義的に三十年来（らい）学んでいる者として、なかなか、呑（の）み込（こ）みがたいところもあるのですけれども、そのへんはちょっとどうでしょう。

天御祖神　（秀真文字の書かれたボードの文字を指でさす）

「エル・カンターレは地球神」

質問者A　「エル・カンターレは地球神」ですか。

天御祖神は何次元存在なのか？

質問者B　そうなりますと、私たちは、教えのなかで、九次元存在としての主エル・カンターレ、それから、もっと例えば、十四次元存在でのエル・カンターレということもありますけれども、さらに、根源なる仏というのは、もっと二十次元以降の、高い高いところにいらっしゃるということも聞いております。

天御祖神　うーん。

質問者B　天御祖神様は、そうしますと、例えば、二十次元以上ですとか、あるいは、もっともっと根源の？　例えば五十次元とか？　そういう、はるかなる、人間の私たちには分からないような世界に、おわします方でしょうか。

天御祖神　うん、うーん……。（机の上のデジタル時計を持って、十一時の表示をさす）

「十一（次元）」

質問者A　十一次元ということですか。ちょっ……（呼吸が速くなる）。ちょっと待ってください、地球では、九次元が最高と教わっていますが……、いきなり十一次元ですか。われら、卑小（ひしょう）なる存在には、なかなか……。

再び、エル・カンターレとの関係は？

質問者C　あの、たいへんくどいようですけれども、主エル・カンターレとのご関係は？

天御祖神　うん……。（右掌（みぎてのひら）の周りに人差し指で円を描（えが）く）

質問者A　大きな魂（たましい）のなかにある？

天御祖神　（右手の親指を左の人差し指でさす）

質問者A　親指に当たる？　エル・カンターレが？

天御祖神　うん。

質問者A　天御祖神様が本体で、親指に当たるものが、エル・カンターレだということですか？

天御祖神　うん。

質問者Ｃ　主エル・カンターレのご本体意識であると、理解してよろしいですか？

天御祖神　うん……？（両手で小さい輪をつくったあと、両腕（りょううで）を回して大きな輪を描く）

質問者Ａ　本体に含（ふく）んでいる？

天御祖神　うん！（席を立ち、礼拝室正面の光背の前まで進んで、その中心部分をさす）

質問者Ａ　ど真ん中にある……、ここであると。これが、天御祖神様で……。

天御祖神　（首を左右に振る）

質問者Ａ　えっ？　ということは、この真ん中がエル・カンターレですね。

天御祖神　（光背の外周を指で一周なぞって席に戻る）

質問者Ａ　そして、この外側が御祖神様。ははあ……。人間の肉体で言うと、肉体のなかの、「全体のボディ」と、「心臓」の関係みたいな感じですか？

天御祖神　うん……。

質問者Ａ　そういうわけでもないですか？

天御祖神　うん、うーん……。

質問者Ａ　「心」に当たるような、そういうことでもなく……。もっと、大きな存在だということなんですね？　じゃあ、エル・カンターレよりも、でしょうか……。

天御祖神　うん……。

質問者A　真ん中に、エル・カンターレ、その周りの大きな円が天御祖神様と、今おっしゃられたのでしょうか。

天御祖神　うん、うん、うん。うん。

質問者A　エル・カンターレが……、地球に生まれてきた魂の〝一部である〟ということでしょうか。

天御祖神　うん、うん、うん。

質問者A　そして、アンドロメダ銀河から、今、意識として、（大川隆法総裁の）肉体に、お入りになられまして、十一次元存在であるということを、おっしゃったのでしょうか。

天御祖神　うん。うん。

質問者A　はあ……、分かりました。

なぜ、アンドロメダから地球に来たのか？

質問者B　十一次元存在ということですが、では、なぜ、そのアンドロメダのほうから、この、いわゆる天の川銀河のほうに来て、ご指導をされようと思われたのでしょうか。

天御祖神　（秀真文字の書かれたボードの文字を指でさす）

「古い」

質問者Ａ　あっ、「古さ」ということですか。では、アンドロメダのほうが古いということでしょうか。

天御祖神　うん。うん。

質問者Ａ　それは「時間のずれ」とか、そういう意味であって、別に、どちらが偉（えら）いとかではなく、「時間の流れ」のことをさすのですか。

天御祖神　うーん……。（秀真文字の書かれたボードの文字を指でさす）

「地球は新しい」

質問者A　なるほど。「地球は新しい」んですね。

天御祖神　うん。

質問者C　そうしますと、「もしかすると、出るのが遅かったかもしれない」と、総裁先生が冒頭に言われましたけれども、今、この地球に、天御祖神様のようなご存在が求められている、必要だということで、ご降臨くださったと……。

天御祖神　（右手を左右に振る）

質問者A　違う？

天御祖神　（秀真文字の書かれたボードの文字を指でさす）

「用はない」

質問者A　えっ？　ちょっと待ってください（笑）。急に、冷たい感じが……。そこまで言っておいて、「用はない」というのは……。何か、ご使命とか、役割、そうしたものが違うということなんでしょうか。

天御祖神　うん。（秀真文字の書かれたボードの文字を指でさす）

「ない」

質問者Ａ　やはり、ない。

天御祖神　うん、うん。（秀真文字の書かれたボードの文字を指でさす）

「地球は、エル・カンターレに任せている」

質問者Ａ　地球は、エル・カンターレに任せている？

天御祖神　うん。

5　日本神道（しんとう）の起源を探（さぐ）る

天御祖神は地上に生まれたのか？

質問者B　そうしますと、先ほど、大川隆法総裁先生が、事前のご解説のなかで、「天御祖神様は、地上に一回生まれたという記述が『ホツマツタヱ』にある」と、「ここらへんが、ちょっと疑問だ」ということをおっしゃっていましたが、十一次元存在でいらっしゃいますけれども、その一部が、古代の日本に生まれたということは、おありでしょうか。

天御祖神　うん、うーん……。（約二十秒間の沈黙（ちんもく））（秀真（ほつま）文字の書かれたボード

の文字を指でさす）

「はるかなる昔、私への信仰があった」

古代日本と、アフリカとインドとの関係は？

質問者B　「十一次元存在の宇宙神でいらっしゃって、古代日本に、天御祖神様への信仰があった」と言いますが、その超古代の日本で、どうやって、天御祖神様の存在を知り、どうやって、『ホツマツタヱ』という古文書に、それを記すことができたのか。そもそも、『秀真文書』というのは、いつの時代に、誰が記したものなのか。そのあたりについては、教えていただけるでしょうか。

天御祖神様という、そのお名前自体が、長く長くベールの彼方にあったはずなのですけれども、なぜ、その御名を、当時の古代日本の方々は知ることができたのか。どうして、『秀真文書』にまとめられたのでしょうか。

天御祖神　うん、うんうん……。（秀真文字の書かれたボードの文字を指でさす）

「レムリア」

質問者A　ああ、レムリアから流れてきたんですか、日本に。

天御祖神　うん。

質問者A　はあ……。それは、ムー大陸ではない

●レムリア　古代、インド洋上に存在した大陸（ラムディア大陸）。幸福の科学の霊査によると、芸術を中心とする文明が栄えたが、2万7000年前に大陸は海没した。『太陽の法』参照。

のですか？　「レムリアからムーに流れて日本へ」なんでしょうか？

天御祖神　うーん……。

質問者Ａ　レムリアから来たのでしょうか。

天御祖神　うーん……。うん、うんうん……（首を縦に振る）。

質問者Ａ　レムリア……、じゃあ、「日本の文明は、レムリアにもつながっている」んですか？

天御祖神　うーん。（秀真文字の書かれたボードの文字を指でさす）

●**ムー大陸**　かつて太平洋上に存在した伝説の大陸。幸福の科学の霊査によると、約１万7000年前、ラ・ムー大王の下でムー文明は最盛期を迎えるが、およそ１万5300年前、大陸の沈下によって、海中に没した。『太陽の法』参照。

「アフリカとインドは、つながっていた」

質問者A　「アフリカとインドは、つながっていた」のですね、大陸が。

質問者B　ゴンダアナ大陸のことでしょうか。

天御祖神　うん、うん、うーん。

質問者B　ゴンダアナ大陸のほうは、また違う……。

質問者A　まだ……、この地球の大陸が分裂するまでの間、大陸移動が起きる前にですね。そこからの文明の変遷を経て、源流があって日本に流れてきたと。

●ゴンダアナ大陸　『太陽の法』で明らかにされた「ガーナ大陸」のこと。幸福の科学の霊査によると、現在のアフリカ大陸と南米大陸は73万5千年前までくっついており、「ガーナ大陸」と呼ばれる一つの巨大大陸をつくっていた。

天御祖神　うーん。

質問者A　ということは、「インド」、「アフリカ」と「日本」というのは、霊流の系譜というものが、つながっているということなんですか。

天御祖神　アンム……。ウーン、ブウ、アン、ウーン、ウン、ブウ、エーン、エンム……、オオオオオオオオオ……、アウ、ウン、グチ、ドゥ、イヨラカテコ、ゴジジュンドボ、グンジ、シ、シュウ、シュウアベ、シグナンゴ、エディショウロ、ソウデクツワカ？　キンディギュワラ、コッチラボッ、アー、ブウシャッ！

質問者A　（笑）そんな……。念波は、なんか分かるんですけど、ちょっと言語が……、どうしても、分かりません。すみません!

天照大神(あまてらすおおみかみ)は「男神(おとこがみ)」だったのか?

質問者A　一つ、日本の国体、これからの未来を考えるに当たりまして、重要な点があります。

大川隆法総裁の疑問でもあるのですが、日本では、天照(あまてらす)の流れが出てきます。ただ、『ホツマツタヱ』では、天照大神(あまてらすおおみかみ)は「男神(おとこがみ)」としての記述がございまして、長らく、これが正史になっていない理由の一つではあるのですけれども。なぜ、男性として書かれたのか。それは、何か理由があったのでしょうか。

天御祖神　うん……。(秀真文字の書かれたボードの文字を指でさす)

「太陽は、暑い国では男」

質問者Ａ　「太陽は、暑い国では男」という印象があるがために？　では、本当は「女性神（しん）」なんですか、天照大神は。

天御祖神　（秀真文字の書かれたボードの文字を指でさす）

「寒い国では女」

質問者Ａ　「太陽は、暑い国では男。寒い国では女」。

天御祖神　うん。うん。

質問者C　この、日本の国では、天照大神は、例えば、男性で、天皇として出たようなことはあるのでしょうか。

天御祖神　（約五秒間の沈黙）（両掌を上に向けて肩を上げる）

質問者A　それは、何となくよくよく分からないという……、違うということは分かりました。では、理念的に、男性という記述だったということで、本当は、女性としての肉体を持って生まれたということではあるんですか。

天御祖神　（両掌を上に向けて肩を上げる）

質問者A　分からない。なるほど。はい。

6　ヴィシュヌ神との関係

ヴィシュヌ神との関係は？

質問者Ａ　あと、一ついいでしょうか。今後の地球に、かなり大きな影響を与える発言になってくると思うのですけれども……。

インドという国が、非常に大きな国となり、今、十三億人もの人口を抱えておりますす。インドにはヴィシュヌという神様が、中心神の一人としていらっしゃいまして、そのヴィシュヌ神との関係性というものを、今、探究を重ねているところでございます。

天御祖神　うん。

質問者Ａ　天御祖神様は、先ほど、「アフリカとインドが、つながっている」と言われましたけども、ヴィシュヌという方とは、どういうつながりがあるのですか。

天御祖神　うーん……。（秀真文字の書かれたボードの文字を指でさす）

「いとこ」

質問者Ａ　「いとこ」！　「ヴィシュヌ神とは、人間関係でたとえると、いとこに当たる」と。

天御祖神　うーん。

質問者A　そうしますと、神々の世界のなかで、人間の親族関係、こうした家族関係のなかでたとえると、そういう、「いとこ」に当たる存在であるとか、系統樹が分かれてくるようにも思われます。

天御祖神　うん。うん。うん、うん。

質問者A　そのような存在は、たくさん、お創りになられたんですか。

天御祖神　うん、うん、うん、うん、うん。うん。

金星の統治者「エル・ミオーレ」との関係は？

質問者Ａ　（会場の聴衆に）何か、質問はございますか？

（会場から「エル・ミオーレ」という声）

質問者Ａ　はい。会場からの、「エル・ミオーレとは、どのような関係か」という質問がございましたが。

天御祖神　うーん……。（秀真文字の書かれたボードの文字を指でさす）

「右目」

質問者A　右目？　エル・ミオーレは、右目に当たる存在であると。

天御祖神　うん。

質問者A　エル・ミオーレですよ？　金星の統治者ですよ。

天御祖神　うん。

質問者A　そうですかあ……。

質問者B　今、話があまりにも、ちょっと大きすぎまして、普通(ふつう)の人間としては、かなり気が遠くなる話でございますが……。

天御祖神　（秀真文字の書かれたボードの文字を指でさす）

「人間ではない」

質問者Ａ　「天御祖神様は、人間ではない」ですか。

天御祖神　うん。うん。

7　日本の次なる使命とは

エジプト、インド、日本はつながっている？

質問者Ｂ　それでは、天御祖神様ということで、日本神道系の教えのなかで出てまいりますので、あえてお訊き申し上げるのですが、日本神道系という、この宗教、神々の教えの、この地球における位置づけですとか、その使命は、どのようなものなのでしょうか。

今、天御祖神様が、こうして、隠された御名であられながら、このように出てこられて、さまざまなご指導の下に、日本神道系の神々が今出てきておられますけれども、この日本神道系の持つ、地球での意味づけ、宇宙での意味づけは、どのようなものになるんでしょうか。

天御祖神　うーん……。（秀真文字の書かれたボードの文字を指でさす）

「エジプト、インド、日本」

質問者A　「エジプト、インド、日本がストレートに、つながっている」と、こういうことですか。エジプト、インド、日本の霊的な流れ、つながりがあるということですか。

天御祖神　うん。うん。

質問者A　はあ……。縁が深い国の、この、つながりなんですね。

日本の次なる使命は？

質問者B　ということは、日本が、非常に、地球のなかでも霊的磁場（じば）が高く、やはり、信仰心（しんこうしん）というものを地球に根づかせる意味では、非常に重要な国であるというふうに考えてよろしいでしょうか。

天御祖神　うん……。（秀真文字の書かれたボードの文字を指でさす）

「最後」

質問者A　最後？

天御祖神　うん。

質問者B　「最後のチャンス」ということでしょうか。

天御祖神　うん、うん、うん。

質問者A　というか、「最後になってしまう」ということですか?

天御祖神　うん。

質問者A　いやいやいやいやいや、ちょっと……、もう少し、一つ、ヒントを頂ければ……。

天御祖神　うん……。（秀真文字の書かれたボードの文字を指でさす）

「次は宇宙」

質問者Ａ　「次は宇宙」。エジプト、インド、日本、次は宇宙。「宇宙文明を展開しろ」ということですか？

天御祖神　うん……。

人類は地球から出ていく？

質問者Ａ　ああ……、それで、天御祖神様が、今日、アンドロメダからの霊的な流れを引いてくださって……。映画「ＵＦＯ学園の秘密」が、大川隆法総裁の製作総指揮で、二〇一五年十月十日より全国でロードショーとなります。

そうした、「ＵＦＯ後進国日本」、「宇宙情報が非常に低い日本」が、何かこうした、啓蒙と申しますか、そうした期待というのは、していただいているということですか。

天御祖神　（秀真文字の書かれたボードの文字を指でさす）

「話が小さい」

質問者Ａ　ああ、その話は、小さかったですか。たいへん申し訳ありませんでした。「次は宇宙」というのは、地球が宇宙文明に転換して、シフトしていけということですか。

天御祖神　（首を左右に振る）

質問者Ａ　そうではない。

天御祖神　うん……。（秀真文字の書かれたボードの文字を指でさす）

「出る」

質問者Ａ　あっ、出ていくんですか、地球から。地球人が。

天御祖神　うん。

質問者Ａ　いや、ただ、大川隆法総裁の教えによりますと、「太陽の寿命（じゅみょう）は、あと五十億年ぐらい燃え続ける」ということでありまして、「地球環境（かんきょう）は、魂修行（たましいしゅぎょう）

の生存の環境として容認されている」というようなこともございましたが……、そうした「地球への残り組」と「宇宙への転出組」というか、分かれていくということですか。あるいは、もう完全に地球が駄目になって、すべて宇宙に出てしまうのですか。

天御祖神　ああ、うん……。（秀真文字の書かれたボードの文字を指でさす）「阿呆」

質問者A　あ……、「阿呆」ですか（笑）（会場笑）。いやあ……。ちょっと、何かないですか？

質問者C　申し訳ありません。あまりにもスケールが大きくて、ちょっと次元が合わないのですけれども、天御祖神様から見て、私たち幸福の科学の、特に信者に対して、何か、一言（ひとこと）アドバイス等を頂ければ、たいへんありがたく存じます。

天御祖神　うん……。（約五秒間の沈黙（ちんもく））（秀真文字の書かれたボードの文字を指でさす）

「アウト」

質問者A　「アウト」という、ご霊示（れいじ）を賜（たまわ）りましたけれども……。その意味は、結論としてアウトなのか、アウト的な方向に、今、進んでいるのでしょうか。

天御祖神　（秀真文字の書かれたボードの文字を指でさす）

「阿呆」

質問者Ａ　第二弾……（笑）（会場笑）。まあ、禅問答的に、何となく分かってきましたけれども。地球が非常に危機にあるということを伝えたいということですか。それとも、もう非常に、失望しているということでしょうか。使命が、成就できていないということを、厳しく問う思いが、そのお言葉の奥にあるのか。そのように感じさせていただいております。

天御祖神　（約五秒間の沈黙）（両掌を上に向ける）

質問者Ａ　うん。なるほど……。

天御祖神　（左掌を体の正面で上に向け、右手は握って親指を上に立てる）

質問者Ａ　これは何ですか。この手の形は、印相は、何か、意味が……。

天御祖神　（秀真文字の書かれたボードの文字を指でさす）

「帰りたい」

質問者Ａ　「帰りたい」（会場笑）。分かりました！

これ以上、霊的な負荷をかけては申し訳ありません。われら凡人、愚者に付き合っていただいて、本当に申し訳ありません、すみません。

アンドロメダ星雲より、本日、遠い意識から、この地球、日本、幸福の科学総合本部、礼拝室にお越しくださいまして、まことにありがとうございます。

本日は、まことに、ご指導ありがとうございました。

大川隆法　（手を大きく二回叩き、その後、数回連続して叩く）はい。

8　しばらく地球を留守にしていたと思われる天御祖神

天御祖神はアンドロメダが主体

大川隆法　うん。ちょっと、思っていたより偉い方のようですね。人間ではないですね。やはり、人間では生まれていないのかもしれませんね。

質問者Ａ　はい。

大川隆法　ちょっと、話がシンプルで大きいので、どうにもなりませんが、そういうことのようです。

（天御祖神が）影響した時点では、地球のかたちが今のようなかたちではないようです。だから、「もっと古い時代」ですね。

「人類の始まり」のあたりはまだ難しくて、よくは分からないので。どういう方で出るのか、あるいは、関係がないのか、現代人にはもう関係のないことなので、もう言ってもしかたがないのか、ちょっと分からなかったですね。

質問者A　現代の『古事記』を聞いているような感じもいたしました。

大川隆法　『古事記』よりちょっと大きかったですね。これだと、「アッラーとか、ヤハウェよりもっと大きい」でしょう。もっと大きいと思われます。

質問者A　はい。スケールがあまりにも大きいです。

大川隆法　地球はやっぱり、一つの足場でしかないような感じがします。アンドロメダ銀河のほうが、この地球の入っている天の川銀河よりずっと大きいのです。そして、あちらが今、こちらに接近してきていて、いずれ、こちらの銀河と合体すると言われているのです。向こうがこちらに向かっているので、こちらは何か、「牽引力になっている部分がある」のではないでしょうか。

質問者Ａ　なるほど。

大川隆法　アンドロメダと、地球系のこの銀河が、いずれ一体化することになっているのです。四十億年後ぐらいの未来に、近づいてくるようです。
　そのために何か地球を「前線基地」として、今、出てきているのではないかと思われます。

質問者A　確かに、今、科学雑誌等でも、遠い未来に、アンドロメダ銀河と衝突の危機があるようなことも、特集されたりとかしています。

大川隆法　まあ、衝突の危機というよりは……。

質問者A　呑み込まれてしまう？

大川隆法　たぶん、向こうを遠心分離機にかけた、端っこのほうに、こちらの銀河があるのでしょうね。「呑み込まれる」などというようなものではないと思われます。

まあ、彼らから見れば「一億年も一日の如し」でしょうから、地球霊界のなかにおける、小さな国における、小さな伝道や、選挙や映画の物語の話なのだと思われます。

もう少し地球に近いところの情報は（リーディングで）入ってくるのですが、アンドロメダ系の情報はほとんどまだ入ってきませんよね。だから、〝もっと奥にある〟のだと思われます。

まだ、アンドロメダ系から地球に来ている人も、今のところ二、三人ぐらいしか見当たらないので。

質問者Ａ　そうですね。アンドロメダ星雲に魂の起源を持たれるという方は、リーディングでも非常に数が少ないです。

大川隆法　「（アンドロメダ銀河は）古い」のではないかと思います。だから、それより、もっと途中で、〝近場〟のところをどこか経由してから地球に来ていると思われるので、アンドロメダだけにいた魂というのは少ないのではないかと思われます。

日本の神様のルーツはそうとう深い

質問者Ａ　あと、地球での、「エジプト、インド、日本の流れ」についても言われていました。

大川隆法　まあ、話が大きすぎて困りますねえ。どうしましょうか。

ただ、まだ、あちらにいるんじゃないかと思われますね、この感じは。

質問者Ａ　アンドロメダにですね。確かに、非常に遠い霊意識のようなかたちでした。

大川隆法　今日は、天御祖神は、日本語が出てこなかったので、これは、「しばらく地球を留守にしていた」ことを意味していると思われます。

質問者Ａ　このボードがあって本当によかったです（会場笑）。入室の三分前につくっておきました（笑）。

大川隆法　ということは、日本を直接は指導していないことを、これは意味していると思われるので、「日本の神様のルーツが、そうとう深いところにあるらしい」ということは分かります。

「日本文明は、何か正統な、宇宙から来た文明の末裔に当たる」ということを言っているのだと推定します。

質問者A　なるほど。

大川隆法　だから、「天御祖神は、日本神道的なルーツの、直前の王様などではない」ということですね。

質問者A　そうですね。「根源神」、「始まり」と言っていましたので。根本の思いを持っておられます。

「宇宙の法」「エル・カンターレの法」に向けて

大川隆法　昔の大陸のあたりの話は、まだちょっと、時間が長すぎて、どうも、描き切れないでいるし、まあ、今の人にとっては関係がないのかもしれないですね。

質問者Ａ　はい。

大川隆法　もう、「死んだらあの世があるかどうか」を言っている人たちにとっては、もはや、関係のない世界なのかもしれません。

まあ、時期が来れば、そういう話が出てくるかもしれません。「宇宙の法」の扉が開かれて、宇宙人が、本当に誰にも目に見えて、みなが信じるようになってきて、「地球の歴史」が知りたくなってきたときに、出てくるのかもしれません。もしかしたら、あの世に私が還ってから、「エル・カンターレの法」というものが、本当に降りてき始めるかもしれません。私が〝地球語〟を話せるので、出るかもしれません。

ともあれ、今のところ、天御祖神は、やや正体不明ですが、「アンドロメダ系」ということだけが分かりました。

質問者A　その流れが、日本にもつながっていたことが分かりました。

大川隆法　まあ、あまり霊言にはならなかったですね。これでは、〝こっくりさん〟に近かったかもしれません（笑）。何か、〝怪しい〟のではないかと予想はしていたのですが、「直接、言いには来られないところにいる」ということですね。

質問者Ａ　はい。

大川隆法　ちょっと話が〝遠かった〟ようでした。まあ、時期が来れば、また出てくると思われます。

質問者Ａ　われわれ、精進し、そのときを待ちます。

大川隆法　はい（手を一回叩く）。

質問者Ａ　ありがとうございます。

第2章　日本文明のルーツを探る
天御祖神の降臨

二〇一八年七月二十三日　霊示
幸福の科学 特別説法堂にて

質問者

大川紫央（幸福の科学総裁補佐）

［他の質問者二名はＡ・Ｂと表記］

※役職は収録時点のもの。

1 謎に包まれている日本民族の祖、天御祖神

「天御祖神とは、どういう方なのか」を明らかにしたい

大川隆法　今日（二〇一八年七月二十三日）は、「天御祖神の降臨」と題しまして、天御祖神の霊言を頂こうかと思います。

以前、天御祖神を幸福の科学の総合本部に招霊したときには（二〇一五年十月三日に「天御祖神とは何者か」を収録。本書第1章）、日本語を話していただけなくて、不思議な感じになっていたのですが（注。当時、日本語を自由に語れなかった天御祖神は、秀真文字の文字盤を指し示すことで質問者と会話をした）、どうも、ほかの惑星のほうに行っていて、急に呼ばれたかたちになったらしいの

で、日本語をうまく話せなかったようです。

ただし、今は、ちょっと日本に〝帰ってきている〟ようなので、日本語でも意思疎通が可能になっています。

今年（二〇一八年）八、九月ぐらいからになると思いますが、映画「世界から希望が消えたなら。」を撮る予定になっています。

その主人公の名前を、もともと原作ストーリーで付けていたものから、今回、「御祖真」という名前に変えて、天御祖神の「御祖」を使いました。ただ、聞き慣れない名前でしょうから、「その意味を分かっていない方が多いと困るのではないか」と思います。

そこで、「天御祖神とは、どういう方なのか。その由来や因縁、お姿、お考えは、どういうものなのか。日本をどう思っておられるのか。どういう位置づけになるのか」というようなことを少し明らかにして、映画の上映より前に、天御祖神のことを知っていただきたいと考えています。

「文献が遺っていないもの」については霊言を頂くしかない

大川隆法　幸福の科学は、「世界宗教を目指す」と称し、いろいろな世界宗教的な宗教の神の名に、「エル・カンターレの別名だ」として言及することが多いのですが、日本神道についてはどうなのかというと、日本の神々は戦後史観では特に民族神的な扱いを受けていることが多いので、「日本から世界宗教へ」という流れは、もうひとつ明確ではありません。

日本神道の主宰神といわれている天照大神については、今年（二〇一八年）の年初に、「大日孁貴の霊言」というものを収録してみました。大日孁貴は、これもまた、読めないし、分からない名前ではあるのですが、『日本書紀』に記されている名前であり、「天照大神の別名」ということになっています。

『古事記』『日本書紀』には、いろいろな神が出てきます。天照大神が伊邪那岐の娘ということになると、数え方にもよりますが、「神としては九十六番目に出てくる」という話もあります。

私は正確に数えてはいないのですが、九十六番目に出てくる神が日本の主宰神というのは、普通に考えるとおかしいのです。おそらく、記紀編纂の時点において、天照大神信仰を立てようとしたのだろうと思います。

当時、持統天皇という女性の天皇がおられたので、女性が天皇になることの正統性を示すためにも、天照大神信仰が必要だったのではないかと思われるのですが、「立てる」に当たっては立てるだけの根拠が必要でしょうから、信仰的な伝承が必ずあるはずです。

東征をした初代天皇の神武にしても、二千七百年以上は遡ることはできないようではあるので、「それより前に、天照信仰のルーツがあるのではないか」という仮説を私は持っていました。

そこで、今年の正月に、大日孁貴を呼び、訊いたところ、「大八洲としての日本列島が大陸から分離し、きっちりと存在し出したのは、少なくとも二十万年前、場合によっては三十万年前ぐらいまで遡るかもしれない。そのくらい古い昔から日本列島は大陸から分離していき、三万年ぐらい前に近代化した」とのことでした。

これはすごい話です。記録にまったくないことですが、「三万年ぐらい前に近代化した」ということであれば、「三千年ぐらい」と言われている日本の歴史は、これの十分の一ぐらいしかなく、後期も後期です。「記紀には後期の三分の一も載っていない」ということになると思います。

記紀編纂は七〇〇年代、八世紀に入ってからなので、「そんな大昔のことは、とても分かるはずはない」ということになります。

したがって、「神話的文献が遺っていないもの」については、霊言でも頂く以外に方法はないのではないかと思います。

『日本書紀』は歴史書で、『古事記』は神話

大川隆法　神話が伝わっているのは主に『古事記』や『日本書紀』ですが、「『古事記』のほうが神話的部分を多く含んでいる」と言われています。

つくられたのは、『古事記』は西暦七一二年ぐらい、『日本書紀』は西暦七二〇年ぐらいであり、ほぼ同時期にできているのですが、分量は『日本書紀』のほうがはるかに多いのです。もっとも、神話的部分に関しては『古事記』のほうが多くなっています。

今の四百字詰め原稿用紙に換算すると、『古事記』は百五十枚ぐらいでしょうか。このくらいの長さでできており、上中下の三巻本になっているので、原稿用

紙にすると一巻が五十枚ぐらいでしょうか。それが『古事記』です。

それに比べて、『日本書紀』のほうは、おそらく三十巻ぐらいの分量だと思います。ただ、神話に当たる部分については、四百字詰め原稿用紙に書くと、おそらく七十枚程度のものかと思われます。

これは、私が一時間話すだけの量があるかどうか、分からないぐらいの量であり、神話的な要素は少なく、歴代の天皇の歴史の部分が多くなっています。

そのため、「『日本書紀』は歴史書で、『古事記』は神話」というのが、だいたい定説になっているのではないかと思われます。

『古事記(こじき)』『日本書紀(にほんしょき)』に先立つとされる『ホツマツタヱ』

大川隆法　実は、『古事記(こじき)』『日本書紀(にほんしょき)』に先立って、伝統的に『ホツマツタヱ』といわれるものがあります。これは、すでに忘れられてはいるのですが、「秀真(ほつま)

文字」という文字で書かれています。

遺跡等を探索すると、ときどき、変な字というか、古代文字のようなものが出てきますが、秀真文字は、そういうのと同じようなものです。

この『ホツマツタヱ』は、「武内宿禰が書いた」という説もあるようです。

この方は、「寿命が非常に長かった」と伝えられているのですが（注。約三百年とされている）、一人の人間にそれだけの寿命があるとは思えないので、「おそらく、武内宿禰という名で、役職が代々継承されていたのではないか」とも言われています。

例えば、中村吉右衛門という名前を役者が襲名していくような感じで、武内宿禰という名が代々伝わっていて、初代が記した『竹内文書』、あるいは『ホツマツタヱ』的なものが、代々、武内（竹内）家で護られていたのではないかと思われます。

●武内宿禰　第8代・孝元天皇の曽孫。5代にわたる天皇の大臣として仕え、神功皇后を助けて新羅出兵などに功績をあげた。

記紀は、時の中央政権に都合のいいように編纂されている

大川隆法　『日本書紀』は漢文で書いてあります。これは、要するに、中国に伝えて、日本の正統な歴史書として認めてもらおうとしたものです。中国の唐の国に歴史書として送り、日本が近代国家であることを認めてもらおうとして、漢文で書いたのが『日本書紀』です。

『古事記』のほうは、漢文で書いているのではなく、当て字的な漢字を使いながら『万葉集』風の大和言葉（変体漢文）で書いてあるので、「中国のほうで見てもらおう」とは思っていなかったものだろうと思われます。

記紀以前に、『風土記』という、各地方の歴史書はたくさんあったようで、そういうものも集めて記紀を編纂したらしいのですが、「記紀は、時の中央政権に都合のいいように編纂されたのではないか。やや言うことをきかない、外様に当

たるような豪族の歴史は、そうとう削除されたのではないか」と言われています。

また、「当時、民間信仰としては非常に人気のあったような神であっても、『古事記』『日本書紀』のほうでは消えているものもあるのではないか」と言われています。

一例としては少彦名命がそうです。小さい木の葉舟のようなものに乗っている、小人のような神なのですが、古代の伝承では〝スーパーヒーロー〟です。

アントマンという小さなヒーローが、映画「アベンジャーズ」に出てくるヒーローチームのなかに入っていますが、少彦名命は、まさしく、あのアントマンぐらいのものであり、小さな小舟に乗ってやってきて、大活躍をします。

この少彦名命に対しては、そうとうの民間信仰があったらしいのですが、この神は立脚地が出雲系統あたりだったので、『古事記』『日本書紀』では、そうとう貶められ、誰も知らない神のような感じに書かれており、「〝消し込まれた〟のではないか」と言われています。

そのように、「いろいろなものがそうとう〝消されて〟いる」と思われるので、「正統性を時の政権がつくったのではないか」と考えられています。

日本独自の文字は楔形文字や象形文字より古い？

大川隆法　『ホツマツタヱ』も外伝になっていて、正統の歴史書にはなっていないのですが、これは日本の神々の歴史を〝日本の言葉〟で書いてあり、漢字も大和のカナも使っていません。要するに、「漢字やカナが入ってくる前の言葉で書いてある」という意味で、非常に注目すべきものなのです。

なぜそれを読めるのか、よく分からないのですが、「代々伝えられたもの」がうまく伝承されたのかもしれません。

秀真文字は、漢字、あるいは韓国や北朝鮮で使われている言葉とは全然違うものです。

形が似ているものがあるとすると、メソポタミアあたりで使われている楔形文字や、古代エジプトのピラミッドのなかに書かれている、絵文字も入ったような象形文字です。それにやや似てはいるのですが、「おそらく、それよりもっと古いものではないか」と推定しており、「こちらから分かれていった可能性がある」と思っています。

そういう日本独自の文字があったらしいのです。おそらく、言葉としては大和言葉に当たるものがあったのではないかと思いますが、どこかで文字が入ったときがあったのではないかと思われます。

ちなみに、メソポタミアの「ハムラビ法典」などに使われている楔形文字は、古代シュメール文明で発明されたと言われていますが、古代シュメール文明においても、「宇宙から言葉を伝えられた」という伝承がはっきりと遺っています。

また、それを伝えた者についても、現代に伝わっているものには、「半魚人（はんぎょじん）のような形をした宇宙人（オアンネス）によって伝えられた」というような記録が遺っています。

そのように、宇宙人が、「言葉」や（飲み物の）「ビール」など、いろいろなものを伝えたらしいということは分かっているのです。

なお、幸福の科学の霊査（れいさ）では、「古代エジプトの文字は、トス●が伝えた」、あるいは、「諸学問を（トスが）つくった」とも言われていますが、ルーツは極（きわ）めて分かりにくいものです。

今、なぜ「天御祖神（あめのみおやがみ）」を調べるのか

大川隆法　なお、今日は、『ホツマツタヱ』そのものを読んでも悩乱（のうらん）するようなことにしかならないので、これはもう、「ある」ということを言うに止（とど）めること

●トス　約1万2千年前、アトランティス文明の最盛期を築いた万能の指導者。地球神エル・カンターレの分身の一人。『太陽の法』等参照。

にして、もっとルーツに直接、迫ってみたいと思います。

『ホツマツタヱ』には、天御祖神が出てくることは確かで、文字などをいろいろと教えた人らしいということは分かるのですが、それ以上のことはよく分からないようになっています。

ちなみに、次に公開予定の映画「世界から希望が消えたなら。」で、「御祖真」という、天御祖神を思わせるような名前を持った人が出てくることになっています。「御祖真」という人が出てきますが、「この人は、いったい何者なんだろう」というように、みなが分からないと困るので、天御祖神についての説明が要るのではないかと思ったわけです。今、こういう流れが出てきているということです。

なお、おそらく、『ホツマツタヱ』は初代の武内宿禰が書いたと思われるものではあるのですが、私も少し分かりにくいと感じるので、それを飛び越えて、〝さらにその昔〟を調べてみたいと思います。

大日孁貴は、自分では、「今から五、六千年ほど前に、日本列島に肉体を持った者である」というように言っていますので、おそらく、それよりもっと古いルーツが出てくるはずです。

「日本という国は、古代文明や宇宙文明との関係で言うと、どのような位置づけになるのか。どのような意味合いを持っているのか」ということを調べられると思うのです。

総裁補佐(ほさ)が前日に夢で会った「天御祖神(あめのみおやがみ)」をお呼びする

大川隆法　ちなみに、昨日(きのう)の明け方に、総裁補佐(ほさ)の紫央(しお)さんは、夢のなかでですが、「天御祖神神社(あめのみおやがみ)」の姿をありありと見たそうです。それで、「参拝(さんぱい)していたら、神社の山に近いほうから、天御祖神が降りてこられた」と言っていました。

その神社は、京都や奈良(なら)にあるようなつくりですが、広い板の廊下(ろうか)（高床式）

が二列あって、その「真ん中」が庭のようになっており、日本の神様がそう言われているとおり、天御祖神は、その「真ん中」を歩いて、山の高いところから降りてきたそうです。

そのとき、紫央さんは廊下のほうにいたのですが、ほかの民衆もダーッと並んでいて、みなで合掌して拝むような感じでお出迎えしたらしいのです。

それで、拝むだけだと思っていたら、突如、天御祖神が立ち止まって説法をされたようで、それを聴聞したと言っていました。

なお、体は金剛力士像のようにすごく大きくて、顔は見えなかったそうですが、おそらく、顔が見えなかったのは、合掌してお辞儀をしていた証拠だと思うのです。

ともあれ、以前から、そういったことはあったのかもしれませんが、昨日は現実に言葉を聴いたようです。

やはり、こういう報告が来ている以上、「（ご本人が）姿を現したい」ということなのかなと思っています。あるいは、日本の歴史の書き換え（か）になるかもしれません。

もちろん、信憑性（しんぴょう）については、なかなか、一般（いっぱん）の学者が信じられるようなものではないかもしれません。とはいえ、雑誌の月刊「ムー」よりは信憑性は高いとは思っています。

いずれにしても、「第一次資料」であり、「第一級の資料」になると思うので、後世に遺さなければならないものではあるでしょう。例によって、質問に答えるようなかたちで、その本当の姿を明らかにしていきたいと考えています。

前置きは、そういうところです。

では、お呼び申し上げます。

（合掌・瞑目（めいもく）し、合掌した手を擦（こす）り合わせながら）

天御祖神よ。

天御祖神よ。

幸福の科学に降臨したまいて、そのお姿、御心（おこころ）、御教え（みおし）などをお伝えいただきたく、お願い申し上げます。

天御祖神よ。

天御祖神よ。

幸福の科学に降臨したまいて、その御心の内を明かしたまえ。

お願いします。


（約十秒間の沈黙（ちんもく））

2　三万年前、日本に降臨（こうりん）した

「日本民族の祖（おや）と考えてよい」

天御祖神　うん。天御祖神である。

質問者Ａ　天御祖神様、本日はご降臨（こうりん）いただきまして、まことにありがとうございます。

天御祖神　うーん。

質問者Ａ　昨日（二〇一八年七月二十二日）は、大川紫央総裁補佐の夢のほうでもメッセージを賜ったとお聞きしています。

もしよろしければ、昨日の夢のメッセージの「夢解き」を、まず最初にお願いできればと思います。

天御祖神　まあ、夢解きは君たちがするもんだ。

質問者Ａ　失礼いたしました。

では、これから、夢解きをさせていただきたいと思います。

天御祖神様といいますと、お名前は遺っているのですが、神社自体も含め、その他の情報が、今、日本には、ほぼ遺っておりません。また、前回、ご降臨いただいたときは、急遽、宇宙からお出でいただいたということで、まだ全貌がはっきりしませんでした（本書第1章参照）。

そこで、まず最初に、日本とのご関係を確認させていただきたいのですが、天御祖神様は、この日本とどのようなご関係にあられるのでしょうか。このあたりから、お話を頂ければと思います。

天御祖神　まあ、「日本民族の祖（おや）」と考えてよいのではないか。

質問者A　よろしいですか。

天御祖神　うーん。

質問者A　はい。大日孁貴（おおひるめのむち）が語ったところによりますと、「日本は三万年ぐらい前に近代化した。そして、日本列島は、少なくとも二十万年前には大陸から分離(ぶんり)していた」ということでございます。

天御祖神様は、このなかで言いますと、どのあたりの時代から影響(えいきょう)をもたらしておられたのでしょうか。

天御祖神　うん……。まあ、現代文明につながるものとしては、いわゆる三万年前。

質問者A　三万年前ですか。

天御祖神　三万年前に、私が降臨したということが大きい。

質問者A　ご降臨されたのですか。

天御祖神　うーん。

二十万年ほど前には、「日本列島」はだいたいできていた

質問者A　そうしますと、天御祖神様は、日本列島がほぼ完成したころに、現実に肉体を持たれてご降臨された、ということでよろしいでしょうか。

天御祖神　列島自体は、ほぼ、二十万年から三十万年……、まあ、二十万年余り前には、中国やロシアからは完全に離（はな）れたかたちで、だいたい出来上がっていて、沖縄（おきなわ）や台湾（たいわん）のあたりがねえ、本当は、あのへんはまだ山であったんだけれども。

質問者A　はあ……。

天御祖神　そのへんも一部、海に陥没(かんぼつ)して島になってしまったところがあって。だから、(地形が)少し変わったが、いちおう、大陸からは完全に分離した形にはなったかなあ。

質問者A　そうですか。まだ、そのころはムー大陸もなく、ラ・ムー様も出られていないころですね?

天御祖神　ああ、ラ・ムーは、だいぶ〝後輩(こうはい)〟に当たるので。

質問者A　はい。そうしますと、三万年前、つまり、ラ・ムー様の前に生まれら

●ラ・ムー　約1万7千年前に太平洋上に存在したムー大陸に栄(さか)えた帝国の大王であり、地球神エル・カンターレの分身の一人。『太陽の法』参照。

れたということは、やはり、「エル・カンターレ様のご計画のなかのお一人。魂のご兄弟のお一人」と考えてよろしいのでしょうか。

天御祖神　だからね、今の定説が、ほとんど、「日本列島は中国とつながっていて、あちらから、稲作から人から、みんな入ってきた」というような考えとか、少し前の東大教授などが、「天皇家の子孫は騎馬民族だ。中国から朝鮮半島を通って、日本を占領に来た」みたいなことを言ったりしておったけど、間違ってるわな。

質問者A　はい。

天御祖神　そうではない。そうではないので。もうすでに、二十万年ほど前までには、完全に日本列島の部分は切れて、離れていたし、人も住んではいた。

まあ、「近代化」という言葉を使っているが、現代文明に続くような文明として、三万年前ぐらいから、急速に大きなまとまりを示し始めたということかな。

質問者A　なるほど。

「レムリア」と「ムー」はつながっていたが、分離し沈んでいった

質問者A　まず、日本人のルーツと日本列島のルーツを知りたいのですが、当時は、インドのあたりに「ラムディア（レムリア）」という大陸があって、「ラムディア（レムリア）文明」が栄えていましたし、「ムー大陸」もあったと思います。

そのあたりの大陸や文明と、三万年前の日本の人々、日本文明というのは、どのような関係だったのでしょうか。

天御祖神　うーん……、まあ、あちらもねえ、「ムー大陸」と、今は「レムリア（ラムディア）文明」といわれている「レムリア大陸」というのを、よく混同されることがあってね、一緒にされることもあるんだよ。古代史家によってはね、「レムリア」と「ムー」を一緒にすることもあるんだが、これも大陸の沈没とかいろいろあって、形が年代によって変わっていっているので。

まあ、確かに、「ムー」も形を変えていっているので、あなたがたが主として問題にしているのは、最後の「ムー大陸」の姿だろうと思うんだけども。インドから西南アジアの南側のほうにも、「レムリア」、あるいは「ラムディア」といわれているようなものがあったことはあって、一時期、「ムー」とつながっていた時期も古代にはあったんだが。

質問者Ａ　ああ、そうですか。「ムー」と「ラムディア」が……。

天御祖神　これが、何段階かに分かれて沈(しず)んでいって、分離(ぶんり)していっているんでね。だから、「インドの文明は、レムリア文明だ」とか言われたりするし、「今のアジアの文明は、ムーの文明から来ている」とか言うが、このへんも、かなり重なっている部分というか、時期による話があるので、若干(じゃっかん)難しいものはある。

あるいは、「レムリア」といわれるものには、アフリカのほうにもそうとう影響している部分があるので。まあ、ちょっと、捉(とら)え方が違うんだけどね。

だから、そのへんが沈んでいくと同時に、インドが亜大陸(あたいりく)化して、ヒマラヤが出来上がってくる流れもあったので。ちょっと、地球の〝表面のしわ〟が動いてね、形が変わってきつつあったんだよな。

そのへんを全部、詳(くわ)しく説明するのは難しいけどね。

質問者A　なるほど。

「秀真文字」と「楔形文字」には関係があったのか

質問者A　先ほど、大川隆法総裁先生の解説のなかで、「秀真文字」と、メソポタミアの「楔型文字」との関連性についてのお話もあったのですが、当時、三万年前に使われていた文字は、秀真文字だったのですか。

天御祖神　日本で？

質問者A　はい。日本でです。

天御祖神　うーん……、そうだねえ。もとが地球の言葉ではなかったのでね。だから、「宇宙語」を教えたわけよ（笑）。

質問者A　天御祖神様が？

天御祖神　うーん。まずは、宇宙語をね。啓蒙して、「新しい文明」をつくらなきゃいけないので、宇宙語を教えたので。そこから始まってるからさ。

質問者A　なるほど。

天御祖神　まあ、時代が下るにつれ、ちょっとずつ変形はしているんだがなあ。変形はしているんだけど、宇宙の言葉だよ。

質問者Ａ　そうですか。そうすると、シュメールの楔形文字も宇宙の言葉ですか。

天御祖神　うん、あちらもそうだよ。

質問者Ａ　そうなのですね。これは、どちらかから伝わったものですか。

天御祖神　うーん……、まあ、それは、「宇宙の星の文明のルーツが、どちらが先か後か」みたいなのまであるから。

質問者Ａ　はい。

天御祖神　また、影響し合っているので。「どちらが先か後か」があるので、非常に難しい問題は抱(かか)えておるけれども。

質問者A　そうですか。

天御祖神　うーん。たぶん、「私のほうが先かな」と思ってるんですけどね。

質問者A　文字については先なんですか。

天御祖神　うーん。

二十万人の大船団で、宇宙から「富士山(ふじさん)の裾野(すその)」に飛来した

質問者A　そうしますと、天御祖神様は、まさに、宇宙から直接、日本列島をめ

がけて降りてこられたということですね？

天御祖神　そう。だから、（昔の日本の神様の名前には）全部、「天（あめ）」が付いてるでしょう？

質問者Ａ　はい。

天御祖神　「天」が付いているのは、「空（そら）」を意味するわけですからね。「空」か「宇宙」ですよね。

質問者Ａ　もしよろしければ、日本をめがけて降りてこられたときの状況（じょうきょう）についてお訊（き）きしたいのですが、それはどのくらいの規模で移動してこられたのでしょうか。あるいは、霊体のまま移動されたのでしょうか。
そのあたりについて、教えていただければ幸いです。

天御祖神　普通の人間は、みんな地面しか見てないからね。地面と目の前は見ているけど、上なんかいちいち見てないからね。だから、昔の神様（の名前）には、みんな「天」が付いているのは、天空から来ている証拠ではあるわなあ。
場所的に言えば、そうだなあ、やっぱり、日本の今の中心に近いあたりかな。だから、東京からも行けなくはないぐらいで、富士山が見える。

質問者A　富士山？

天御祖神　うーん。富士山がいちばん……。宇宙から見たら、いちばん目立つのは富士山なんだよね。

質問者Ａ　ああ、そうですか。

天御祖神　うーん。だから、富士山が日本の中心、〝へそ〟と見てね。富士山が見えるところ。今の静岡寄りかな。

質問者Ａ　富士山が見えるところで静岡寄り？

天御祖神　うーん。

質問者Ａ　海側のほうですね？

天御祖神　そうだなあ。南の側だな。富士山の裾野に近いあたりに着陸した。

質問者A　大船団でですか？

天御祖神　うーん……、来た人数は、どのくらい来たかねえ。（約十秒間の沈黙）二十万人ぐらい来たかねえ。

質問者A　二十万人？

天御祖神　うーん。

質問者Ａ　なるほど。

質問者Ｂ　それは、肉体をまとってでしょうか。

天御祖神　うーん。「宇宙人」と言えば宇宙人ではあるからね。だから、地球の日本の人たちに、「言葉」とか「文明」や「文化」を教えなきゃいけなかったからね。

天御祖神は、どのような「姿」で地球に現れたのか

質問者Ｂ　もしお許しいただけるのであれば、宇宙から降りてこられた天御祖神様やみなさまは、どのようなお姿をしておられたのかを教えていただけますでしょうか。

天御祖神　それは紫央さんが訊かなきゃいけないんじゃないかなあ。

大川紫央　すみません。どのようなお姿をされていましたか。

天御祖神　あなたが好むような姿で現れた。

大川紫央　好むような姿？

天御祖神　うーん。

大川紫央　パンダ？

質問者A・B　白と黒ですか。

天御祖神　いや、ハハハ（笑）。単純なことを、あなたがたはおっしゃるなあ。

大川紫央　（笑）「夢で見たような感じ」ということでしょうか。

天御祖神　うーん。私たちも、多少ね……。ベガなんかは「姿を変える」と言われているけど、いや、それはベガだけにある機能ではないので。ある程度、地球に合わせた体に変化させながら降りてきてはいる。

　まあ、地球人があまりに驚きすぎないようにしなければいけないし、驚きすぎないけど、「偉大な人かな」と見えるような感じだよな。

だから、あなたが好きな男性の感じということであれば、やっぱり、〝裸の横綱〟みたいなのが好きなんじゃないか。

大川紫央　ああ、なるほど。では、少し「力士」のような感じで、わりとお肉は付かれている感じですか。

天御祖神　うーん、私ら、本当はいろいろと身にまとっておるだけだけれども、古代の日本人には、それは、たぶん、風神・雷神とかがいろんなものを巻いているような、あんな布みたいに見えたりしたかもしらんね。

3　天御祖神の教えとは

「合掌してお辞儀をする習慣」を教えた

大川紫央　私の夢の話で恐縮なのですが、夢で見た天御祖神様のお姿は、普通の人間などよりもはるかに大きくて、「厳格さ」というか、「厳しさ」のような雰囲気も持っておられて。

天御祖神　そうだな。

大川紫央　やはり、力士か、金剛力士像かといった雰囲気の方なのかなと感じました。

ただ、お顔までは拝見することができなくて……。

天御祖神　「お辞儀（じぎ）すること」を教えたからねえ。〝目が潰（つぶ）れる〟ので、あんまり直接、顔を見ないようには、よく言っておいたから。

質問者Ａ　お辞儀は、そこから始まったのですね。

天御祖神　「合掌（がっしょう）してお辞儀する」っていう習慣を教えたので、「日本人のルーツ」としてね。

まあ、背が高かったのもあるけどね。たいてい膝（ひざ）をついて正座をするようなかたちで、「顔を上げてよい」と言わないかぎりは上げないことが多かったね。顔は見てはならない。「声」だけが上から響いてくる感じの、そんな姿が多かった。声といっても、私たちの声は、実際の声も出すが、テレパシーのように聞こえてくるから、まあ、分かることは分かるんだけどね。

天御祖神が古代日本で説いた「教え」とは

大川紫央　また「夢」の続きの質問になって申し訳ないのですが、夢のなかでは、天御祖神様が、民衆に向かって何かお話をしてくださいました。ただ、天御祖神様が現れたこと自体が非常な驚きで、みんなで合掌したり、「早くお近くに行って座らなければ」といった感じで、お話の内容が、どうしても聞き取れなかったのです。

天御祖神様が日本にいらしたときに、最初に説かれた御教えとは、どういったものだったのでしょうか。

教え① 礼儀作法

天御祖神　いやあ、いろいろありますけどね。

あなたが見てのとおり、日本は「木の文化」だったのでねえ。神社を木で建てたのが、遺らなかった理由ではあるんだがなあ。民衆も力を貸してくれて、神社を建ててくれたんだけどね。

あなた（大川紫央）は、日本神道のもとになる特徴をよく見ておったわなあ。「両側は人間が歩けるけれども、真ん中だけは神様の道になっていた」と。「真ん中は神様が通る」っていうのは、伊勢神宮もそうだし、明治神宮もそうなってるようだが、「神様が真ん中を通る」っていうのは、そのとおりなんだよね。

これが、われわれが教えた作法であるので。「両脇に寄って、そして、座って聴く」という感じだったっていうことだなあ。

まずは「礼儀作法」から教えたので。目上の者に対しては、お辞儀をしたり、手を合わせたり、あるいは、正座をしたりするっていう、そういう礼儀作法を教えた。

教え② 天と地の違い

天御祖神　それから、「天と地の違い」をよく教えていた。

「天」というのは空で、「空の向こう側に神々の世界がある」ということや、「地に降りた人間は、地上を自分たちの生きる場として、最善を尽くして、よりよき楽園をつくるべく努力せよ」というようなことを教えておりました。

教え③ 男女の調和のあり方

天御祖神　また、男女はできていたから、「男女の調和のあり方」等も教えました。

教え④　人生の節目に儀式を行う

天御祖神　さらに、結婚のとき、子供が生まれたとき、成人したとき、年を取って死に、葬式をするとき、こういう節目節目に、神に「証人」として認めていただくということ、自分の人生の節目節目に、神殿に詣でて、ちゃんとそうした儀式を経るべきだということを教えた。

教え⑤　「祈願」「祭り」

天御祖神　あとは、「祈願」もけっこうやっておったな。
この世のことで、戦が多い場合もあったり、あるいは、天候の不順等で、作物が穫れなかったり、獲物が獲れなかったり、漁に出ても十分獲れなかったりするようなこともあったので、そういう祈願をすると同時に、折々に、神様のために奉納(ほうのう)の祭りをするという、民衆の側での仕事として、「祭り」をする風習をつくらせたね。

獲った鯛(たい)だとかね、昆布(こんぶ)だとか、お米だとか、こういうものを「お供(そな)えする風習」もつくらせたわね。

教え⑥　「敬(けい)の心」「信じる」「習(なら)う」

天御祖神　いちばん気を遣(つか)ったのは、結局、まあ、日本での教えの始まりとして、「敬(けい)の心」「敬(うやま)う心」をまず教える必要があると思った。「敬の心」を教えましたね。

「敬の心」「敬いの心」を持ち、その次に、「信じる」ということを教え、それから、「習(なら)う」ということ、学習の「習」だが、「習う」ということを教えたなあ。

教え⑦ 「秩序（ちつじょ）」「調和のあり方」

天御祖神　こうした「秩序（ちつじょ）」と「調和のあり方」を教えて、神がいるときには、もちろん神に接するごとくやらなければいけないが、「神なきときには、神と同じような代理人が地上を治めていることが多いので、そうした神の言葉を伝えることができるような者を敬いつつ、最終的には、両親をも敬って孝を尽くし、家を築いていくように」ということかなあ。

特に、日本の文化は、高温多湿（たしつ）につき、また、木がすごく生（お）い茂（しげ）っていたので、「木の文化」が中心であったために、痕跡（こんせき）として非常に遺りにくくて。もし、「石の文明」とかであれば、もっとはっきり遺っていると思うが、石よりは主として木を使ったのでね。そういう意味で、あんまり遺ってはいないのかなあと思うけどね。

まあ、そういうことをやった。

天御祖神が宇宙から持ち来たらした「物質」「道具」とは

天御祖神　あとは、「いろいろな道具のつくり方」とかは教えたね。

木を使う文明ではあるんだけども、独特の金属的な物質の使い方とかを教えたので。今の鉄器、青銅器の前に当たるものかと思うけれども。鉄器、青銅器の前に当たるものとして、非常に硬(かた)い、まあ、金属の含(ふく)まれている石のようなものかな。そういう、家を建てたり、いろいろなものをつくったりするのに便利なような道具を与(あた)えていって、（当時の日本人は）それを使っていたと思うねえ。

それは「特殊(とくしゅ)な石」でね。われわれがだいぶ持ってきたものではあるんだけど、金属類として道具にもなる。例えば、槍(やり)の先に付ければ戦いもできるし、猟(りょう)もできるということもあるが、木を切り倒(たお)したり、加工したりするのにも使える。

あるいは、独特の磁力を放っているので、「御神体」として祀られるようなことも多かったわなあ。

今は、伊勢神宮なんかでも、おそらく御神体のなかには石が入っているぐらいのことだろうと思うけれども、昔は石ではなくて、そうした、非常に硬質の、鉱分を含んだもので、〝宇宙から来たもの〟ではあったんだけどね。

これを、私たちが日本に運んできて、使わせてやっていて、それを使わせてもらった人たちが、基本的には村長になっていったっていうことだね。

「ヒヒイロガネ」って言ったかな。うーん、今で言うと何に当たるだろうねえ。鉄でも青銅でもない、〝その前のもの〟なんだが。まあ、一種のアルミニウムにも似ているんだけども、ある程度、「軽さ」もあって、「強さ」もあるもので。

だいたい、円盤なんかをつくっている材質になることが多いものなんだけど、これは地球では非常に貴重なものであるので、そういうものを与えたりした。まあ、その代用物で、いろいろなものを工夫するように努力はさせましたけどね。

スペインあたりで、割れた黒曜石か何かを鏃として付けて矢をつくったり、槍をつくったりしていたころに、日本にはもう金属が入っていたね、当時。だから、非常に生産性が高まったと思われるね。

もう一つ、われわれが持ち来たらしたものとしては、「動物」の一種で、宇宙船で日本に連れてきたものも少しあるので、まあ、日本独自で生育したものもあるかなあ。食糧にもなりうるものではあるけど、独自に変化して、日本独特の動物になったもののもあることはあるね。

4 文明が日本からインドや中国に渡った

ムーなどの古代文明も日本文明から影響を受けていた

質問者B　天御祖神様は、三万年前に、日本の地、特に富士山の見えるあたりをお選びになってご降臨されたとのことでしたが、その目的は何だったのでしょうか。

どういったご計画の下に地球に降りられ、「教え」を説かれ、「道具のつくり方」など、この地上で豊かに暮らしていくための知恵をお授けくださったのか、お教えいただけますでしょうか。

天御祖神　そうだねえ。もちろん、もっと超古代は超古代で地球に来て、いろいろやっているけども、地球で私たちの仕事があんまりない時代は、ほかの星へ行っていることもあったのでね。それについては、あんまり語りすぎる必要はないかと今は思ってはおるが、いずれ必要になれば出てくるだろう。

そうだなあ。君たちがもっと暇を持て余すようになれば、「宇宙一億年史」が出来上がるかもしれませんが、誰が聴くかな？　それは知らんけど。

まあ、宇宙のほかの文明が必要としているときは、そちらへ行っているときもあるので。

私自身は、「外宇宙」とも関係があるので、この銀河だけが全部ではありません。ほかのところでも指導をやっているので。

ときどき地球も見に来ていたし、地球にも、何て言うかなあ、いろいろな文明の痕跡をつくるときには努力はしていたが、やっぱり、ほかの銀河の星に比べて、地球は地球なりの別の環境(かんきょう)を持っているので、「独自の文明を発展させてみる」っていうことが実験ではあるんでね。

違(ちが)うことを幾(いく)つかのところ(星)でやってはいたね。

質問者B　今のお話から、「天御祖神様は、新しい文明をつくるために、日本の地にご降臨くださった」と理解させていただきました。

天御祖神　ああ、いいよ。

質問者B　ご計画としては、日本にどのような文明をおつくりになろうとしていたのでしょうか。

天御祖神　うーん。まあ、「精神的な高み」を重視したつもりではいるんだけどねえ。

国自体は大きくはないけども、「今の東洋の心の始まり」みたいなものかなあ。そういうものをつくったかな。まあ、「東洋のギリシャ」みたいなものをつくるつもりではいたっていうところかなあ。

君らは、「ムー文明が日本文明のルーツだ」というようなことを珍しそうに主張してはいるけど、「そのムー文明はまた、日本文明から影響を受けている」っていうことを忘れてはいけないので。

私の教えたことがムー大陸のほうに渡って、向こうでは、環境がこちらとは違うので、独自の違ったものが、例えば建物とかね、そういうものが違ったかたちに発展したものもあるのでねえ。

まあ、ラ・ムーとかいうのは、私から見れば、ずーっと〝後輩〟に当たる者なんで。君らが届くのは、そのあたりが限界なんだろうから、私なんかは、そう簡単に降りてきてはいけない存在ではあるので。

大川紫央　教科書などでは、先ほどの「敬」の教えや「秩序」の教えといった儒教的な考えも、青銅器や鉄器の文化も、中国や朝鮮半島から日本に伝わってきたとされていたりするのですけれども、「実に三万年前から続く天御祖神様の教えだった」ということがよく分かりました。

天御祖神　うーん。

大川紫央　お話をお伺いしていると、やはり、天御祖神様の御教えは、孔子様の教えに近いようなものまで含んでいて、中国の文化にもかなり影響を与えているのかなと思います。

中国には「天帝（てんてい）」といわれる方もいらっしゃいますが、そことのつながりというのは、どのようになるのでしょうか。


天御祖神　うーん……。まあ、中国よりは、インドのほうが古いと思うんだよな、文明としてはなあ。

中国（の文明）を、まあ、彼らは四、五千年ぐらいで見ておるんだろう？　ただ、インドの文明はもっと古いので。たぶん、私のあとあたりぐらいで「ヴィシュヌ」が出ているんじゃないかなあ、インドでね。インドにヴィシュヌが出ていて、ヴィシュヌ神がインドを率いていた。

インドのヴィシュヌ神がつくった文明には、位置的に見て、もうちょっと西南アジア方面の、あるいはエジプトにまで及（およ）ぶ方面で、まだほかの神々もだいぶ影響を与えていて、そちらのものも流れ込んできているからね、インドはね。

で、「インドから中国に」っていうのが流れだね。

インドから中国に来て、中国も、数千年前ぐらいから文明は上がってきたわけで、向こうも、途中で一回、「高み」をつくっているわけだな。孔子より前だなあ。たぶん、孔子より二、三千年前だから、今から五千年ぐらい前には、向こうも「高み」は持ってはいて。まあ、大陸だからね、人と農作物等が豊かではあったから、一定の文明が出来上がってきてはいたと思うけども。でも、文明的には、その前は、インドからけっこう入ってきているものなので。

そのインドの文明は、実は**日本から入っている**

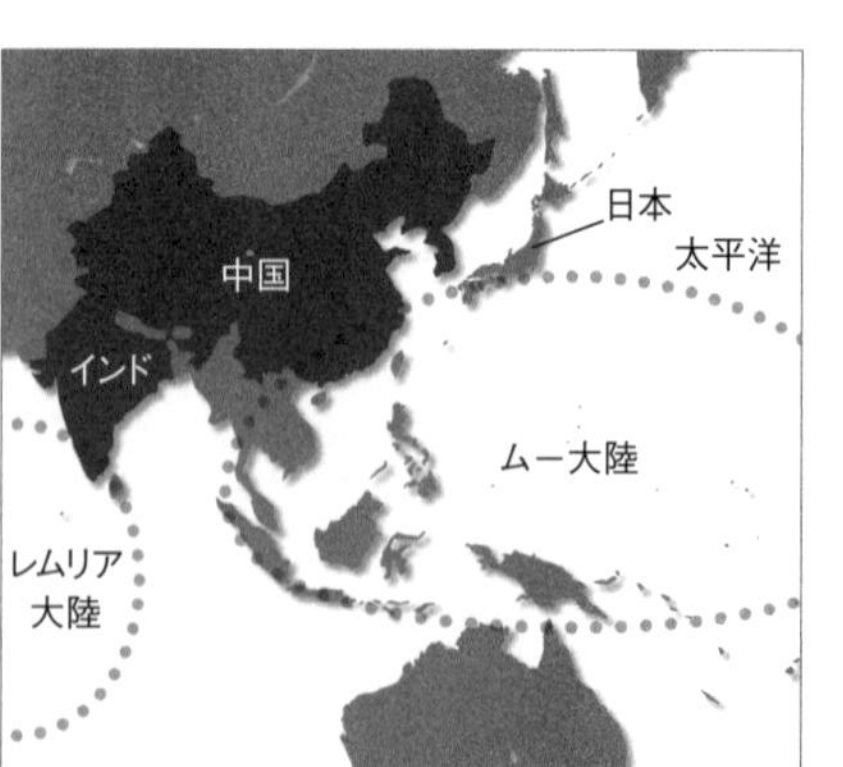

・・文明で、日本からインドへ行って、インドから中国へ行って、韓半島を通って、また日本にもう一回入ってきているような、こういう循環があるんだな。日本の文明は、一つはインドに行ったが、もう一つはムー大陸にも行っているので。

おそらくは、日本の位置づけはね、世界史的に見れば、「かつてのギリシャ」か、あるいは、「キリスト教文明におけるユダヤの歴史」のようなもので、それが日本文明に当たると思われる。

日本列島を大陸から分離させた理由

質問者Ａ　そうしますと、天御祖神様と、ヴィシュヌ神や中国の天帝との霊的なつながりというのは、どういったものになるのでしょうか。

天御祖神　うーん。まあ、「切れっ端」と言えば……。

質問者A　切れっ端？　少なくとも「一部」ではあるということになりますか。

天御祖神　だって、ドメスティックだろう？　私は、宇宙の銀河の幾つかのところで〝経営〟をやっていますから、そりゃあ、もうちょっと使命が大きいので。

質問者A　インド、中国、ムー文明、それから、アフリカのほうまで含めているので、天御祖神様から分かれ出たものはかなり多いわけですね。

天御祖神　うーん、まあな。

でも、文明の物質的な発展の度合いは、やっぱり、気候とか、その国の国土のあり方や人口のあり方とかにずいぶん影響されるのでね。私も、同時並行(へいこう)で、いろいろなところで「文明実験」をやってはおるけど、やっぱり、その違いは認めざるをえないので、それぞれの速度に合わせた指導をしてはいたのでねえ。

地球の場合は、本当にいろいろな星からの影響を受けてきたので、ときどき混ざってしまって。まあ、上を目指せばいいんだけど、下がる場合もあったり、戦争が起きたりすることも多かったんでね。「立て直し」をしなきゃいけないときに（地球に）来たりすることは多かったかなあ。

日本列島を、中国やロシアのところから、何と言うか、ユーラシア大陸から分離させようと思ったのは、あちらのほうには、やや〝凶暴な種族〟が多くてねえ。つながっているといっぱい来るからさ、やっぱり、ちょっと分けないといけないと思って、それで分けたことは分けたんだけどねえ。

質問者Ａ　「天御祖神」というのは日本でのお名前ですけれども、世界のほかの国で遺(のこ)っているお名前はありますか。

天御祖神　そらあ、大文字を二重ぐらいにして「GOD(ゴッド)」と呼べば、私のことになるわ。

質問者A　それほどの存在であるわけですね。

天御祖神　うん。地球担当だけではないので。だから、「ときどき用があるときにしか来ない」と言っておるので。

5　天御祖神とエル・カンターレとの関係

宇宙神と地球神との違い

質問者A　前回も不思議だったのは、エル・カンターレとのご関係についてです。「何か秘密があるのかな」と思うのですが。というのも、三万年前に急に宇宙から来られたということは、何かそこに……。

天御祖神　うーん。何て言うかなあ。
「エル・カンターレ」っていっても、ラ・ムーあたりから、この一万数千年あたりの間で、二、三千年ぐらい（の間隔）で出ている魂の兄弟があるじゃないですか。ねえ？

質問者Ａ　はい。

天御祖神　それ以外に、「アルファ」だとか、「エローヒム」だとか、「エル・カンターレ」だとか言って、親玉みたいに言ってるじゃないですか。

で、まだ、「この上」があるんだよ。

質問者Ａ　上？

天御祖神　うん。エル・カンターレと称しているものの上の部分が。

今、「地球神エル・カンターレ」って言ってるだろう？

●**アルファ**　地球神エル・カンターレの本体意識の一つ。3億3千万年前、他の惑星から飛来した宇宙種の人類と地球系の人類を一つの教えの下にまとめるべく、「地球的真理」を説いた。『アルファの法』（宗教法人幸福の科学刊）等参照。

質問者Ａ　はい。

天御祖神　地球神の上がまだいるんだよ。だから、「宇宙神」がいるんだよ。

質問者Ａ　宇宙神……。

天御祖神　うん。宇宙神として、エル・カンターレのさらに「上位部分」があって。それが、宇宙のいろいろな銀河で最高度に発展している「メシア星」があるんで、そのメシア星の幾(いく)つかのところで指導している。これのつながりが、もう一つあるんです。

●エローヒム　地球神エル・カンターレの本体意識の一つ。１億５千万年前、「光と闇の違い」「善悪の違い」を中心に、智慧(ちえ)を示す教えを説いた。『信仰の法』（幸福の科学出版刊）等参照。

質問者A　そのなかでの位置づけとしては、天御祖神様が「束ねている」わけですか。

天御祖神　いや、いやあ。「束ねる」には宇宙は大きすぎる。

質問者A　大きすぎる。

天御祖神　大きすぎて、とても無理なので。

地球に影響を及ぼしている惑星群や銀河を中心にかかわっておりますが、私一人だけでは、それを全部束ねられないので、分担してやっています。

それ以外の銀河についても、メシア星があるので、そちらのほうを担当している者たちもいて、まだ地球に影響を与えていない存在もございます。

まあ、このへんについては、もはや、あなたがたの認識では届かない。

質問者A　天御祖神様が、地球に来る前にベース（本拠地）としていたのは、「アンドロメダ」ということでよろしいでしょうか。

天御祖神　いや、一つじゃない。

質問者A　一つではない？

天御祖神　うん。一つじゃない。うん、一つではない。少なくとも、同時に五つぐらいの星は見ていたので、一つじゃないね。

質問者Ａ　例えば、どのような星でしょうか。

天御祖神　アンドロメダもあるが、うーん、まあ、星座的に見て地球に影響の大きい星座だわなあ。そういうところとは、ちょっと行き来があったけどねえ。

アンドロメダは比較的遠いところだわなあ。

だけど、アンドロメダのほうに足場があったのは、うーん……。こちらの、地球のほうを滅ぼすつもりで来ているやつが来ていたのでねえ。それで、そちらのほうも足場をつくりに来たんだけどね。

ほかの星にも「メシア」という存在はいる

天御祖神　うーん、あとは、それは……、宇宙は広いよ。銀河だけで一千億個は超えていると思われるので、残念ながら、それは君、難しいよ（注。米航空宇宙局〔NASA〕の調査によれば、観測可能な宇宙の範囲で、銀河は二兆個に及ぶのではないかと推定されている)。

質問者A　うーん。

天御祖神　だけど、君たちが知ってて、宇宙人リーディングなるもので呼び出したような星から来た人たちがいる銀河の「メシア星」、要するに、「メシアが存在している星」等には、私は関係してることが多い。もちろん、別の名前で呼ばれているがな。

質問者A　なるほど。

大川紫央　「メシア」と呼ばれる方は、やはり、「宇宙の根源神」といいますか、「根本仏につながるような方々」というように考えてよろしいのでしょうか。

天御祖神　うーん。

（約五秒間の沈黙）まあ、ホテルの総支配人みたいなものだからね、「メシア」っていうのは。だから、〝地球ホテルの総支配人〟。ほかの星にも、そういう総支配人はいて。

また、それぞれの銀河がたくさんあって、その銀河のなかでも、総支配人がいっぱいいるわけだけど、そのなかで、また特にリーダーになる「メシアの総メシア」みたいなのが、やっぱり、何人かいるわけよ。それぞれの銀河にね。

その幾つかの銀河のなかの「総リーダー」たちが集まって、またさらに「上級メシア」の会合をつくっているので。

だから、君たちが考えるより宇宙は大きいんだよ。もっともっと大きいんだよ。

「私の〝国籍〟は〝宇宙国籍〟なんだ」

質問者A　前回、「十一次元」という、「十一」という数字を示されましたが、そういう認識でよろしいのでしょうか。

天御祖神　まあ、理解できる言い方をすれば、そのくらいになるのかもしれないけどねえ。

あなたがた、ヴィシュヌ神だって、ヴィシュヌの夢のなかに出てきている宇宙は、もう、〝水玉のような宇宙〟でね。水玉みたいな感じで。夢のなかで、水玉みたいに宇宙がいっぱい浮いてる。もう、銀河がいっぱい浮いているような、ヴィシュヌが昼寝している間に、生まれては消えるのが銀河なんで。

ヴィシュヌは、私の〝切れっ端(ぱし)〟だからねえ。

質問者A　切れっ端ですか。

天御祖神　ああ。だから、もっと大きいんで。うーん……。君らは、何？　アルファがいて、エローヒムがいて、あと、ラ・ムーがいて、トスがいて、何だかんだとあるが……。

質問者A　リエント・アール・クラウドと……。

天御祖神　そのへんは、「大陸の主(ぬし)」だよなあ。大陸の主ぐらいのあれなんだけど、まあ……。

私の〝国籍(こくせき)〟は、だからね、必ずしも〝地球国籍〟じゃないんだよ。「天御祖神」という名があって、〝宇宙国籍〟なんで、どちらかといえば。だから、うーん、どういうふうな言い方をすりゃいいかねえ。

まあ、アルファだって、エローヒムだって、いちおう〝地球国籍〟を取ってるんだろう。違(ちが)うか。

大川紫央　でも、魂的にはエル・カンターレとつながっていらっしゃるということですよね？

天御祖神　うん、そうだと思うよ。たぶんね。

だから、どういうふうに説明すりゃいいんだろうなあ。

（礼拝室(れいはいしつ)の光背(こうはい)の文様(もんよう)をさし）ここにも曼荼羅(まんだら)みたいな変な模様があるじゃない

か。「ここの部分だ」と言っても、そう簡単には分かるようなものじゃないから。それで、レベルがな？　これ全体で一つなんだけど、なかに模様がいっぱいあるだろう。中心部分にさあ、一、二、三、四、五、六、七、八枚の花びらがあって、そのなかに中心点があるわな。で、八枚の花びらがあって、そのあとにまた花びらがあって、また蓮のようなものが出て、またいっぱい出て。こんな感じなんだよ。実際にそういうふうになってて。

われわれは何重にも分光していって、宇宙を照らしているのでなあ。

こういう曼荼羅が何個あるかっていうことは、極めて難しい問題で、君らが人間であるかぎり、知ることは許されないレベルだね。

だから、私がどのくらいの存在かっていうと、その曼荼羅で言うと、真ん中の中心点から八つの花びらが出てるだろう？　まあ、その一枚ぐらいのあたりの位置づけかなあ。

大川紫央　では、魂のなかの核にかなり近い方であって、宇宙の大きな範囲を照らしている方という認識でよろしいですか。

天御祖神　うーん、まあ、そうだなあ。認識としてはなあ。もっと大きいから。いやあ、実際、そんなに用はないわけよ。地球にそんなには用はない。ただ、「地球最後の日」が来るようだったら、また用はあるから、来なくてはいけない。君たちの移住先を決めてやらなきゃいけないからさ。そのときには、また来なきゃいけないけど。

いつもはそんなに用はないので。いつもは、「地球専門でやっている人たちにやっていただくとよい」ということかなあ。

だから、「日本のオリジナル・ゴッドは、けっこう偉いんだ」と思っといたほうがいいよ。

6　日本に高度な文明を築いた理由とは

三万年前の地球で起きた〝大きな核戦争〟

質問者A　そうしますと、先ほどBさんが質問した、「地球に来られた目的」ですが……。

天御祖神　来ちゃ悪いか？

質問者A　いえいえ、悪くはないのですが……。

天御祖神　ああ？

質問者Ｂ　非常に光栄に思っております。

天御祖神　ああ。

質問者Ａ　「三万年前に、なぜ、地球に来られたか」というところについては、実は、もっと秘められたものがあるのではないかと思ったのですが。

天御祖神　うーん、そうだなあ。まあ……。そのころは、大きな戦争があってなあ。本当に大きな戦争があって。やっぱり、核(かく)戦争に近いものかなあ。

質問者Ａ　そうですか。

天御祖神　そういうものがあってねえ。まあ、●インドの叙事詩に遺っているとおりさ。核戦争があって、地球が滅びるかもしれない危機が、一度、あるんだよなあ。

質問者Ａ　そうだったんですか。

天御祖神　今のユーラシア大陸のほうから、ムーとか、レムリアとか、アトランティスとか、そちらのほうに文明が逃げて移動していてね。ユーラシア大陸のほうは、しばらく放射能汚染に近いようなもので、そうとうな激変を起こしたんだよ。

●インドの叙事詩……　古代インドの叙事詩『マハーバーラタ』には、太陽よりも明るい光を放ち、都市を焼き尽くす熱と炎、爆風等をもたらす兵器が登場する。その兵器が使われた際には「住民は残らず灰と化した」「すべての食物が毒された」などと描写され、核兵器の被害と似た特徴が記されている。

質問者A　そういうことですか。

天御祖神　ちょっと、文明の大崩壊が起きたことがあってね。そこらに住んでる人から見れば、「地球最後の日」みたいなのを、彼らは経験して。だから、ほかの大陸のほうに文明は移動していったことがあってね。

それで、ユーラシア系のいちばん近かった日本あたりに、ちょっと、「精神文明」をつくっておかなきゃいけないって、そういうふうに思ったんだけどね。

もう一回、今また落ち着いてきて、現代文明では、ユーラシア大陸がかなり力を持って広がってはいるわなあ。

だから、インドを中心と、まあ、インドの前の……。私が来る前のころの、インドに近いあたりで、「大きな核戦争」のようなものがあった。それからあと、アメリカ大陸なんかでも、核戦争に近いような大きな戦争が起きておるけどね。

まあ、しかたないんで。地球規模まで行かない場合は、他の大陸等に文明を移動させて、つくり直しをやらせるんだけどね。

それがまた落ち着いてきて、自然が回復してきたら、そういうところも、もう一回、文明をつくるっていうことはやってはおるんだけどね。

まあ、あのときは、ちょっと〝ひどいもの〟だったなあ。だから、「砂漠地帯」がそうとうできて。

質問者A　ああ……。

天御祖神　西南アジアのほうの砂漠から、ゴビ砂漠あたりまで、「砂漠地帯」がそうとうできただろう？　あれ、文明が全部崩壊したんだよ、あのあたりはザーッと。

質問者A　なるほど。そうなんですね。

天御祖神　すごく大規模な戦争があってね。

「東洋の高み」は日本でキープしていた

質問者A　そうしますと、天御祖神様ご降臨(こうりん)以降の、日本神道(しんとう)系の役割というものも、実は、もっと重要なものがあったのではないでしょうか。

天御祖神　とりあえず、「そう大きくなくてもよいから、一定の規模で文明の質をキープしなきゃいけない」っていう部分はあったわなあ。それはあった。

君らは、学校では、「六世紀ぐらいに漢字が入ってきて、それで文明化された」

みたいな、そんな歴史を勉強して、洗脳されてるんだろうが、全然〝的外れ〟な話であるので。

それはまったく違っていて、「いったん、日本のところで東洋の高みはキープして、また必要に応じて、他の大陸とかに文明を〝輸出〟していく」っていうふうな機能を持っていたんだよなあ。

まあ、（私は）宇宙人と言や宇宙人だけども、姿はね、なるべく地球人に見えるようにやってた。〝仁王様〟と言われりゃ、そうかもしらんが（笑）。ちょっと大きめではあったが、「神っていうのは、そういうふうな威厳のあるものだ」ということを、要するに、「人間よりちょっと上のものが存在する」っていうふうに見せないと、人間が謙虚にならないので。謙虚になって、お互いに助け合い、協力し合い、信頼し合う社会がつくれないんでね。

それで、「神は必要」ということで、地球の霊界における神も創りましたけども、ときどき、意識レベルを上げるために、ほかの星からも来て、肉体的にも持ってきて、「神」を名乗った者もいたことは事実だわな。

でも、それは、「突然(とつぜん)に関係ができた」というよりは、「地球に人類が住む予定になった大昔のころからかかわってはいた」っていうことは、そのとおりだなあ。

まあ、エル・ミオーレ君とかは、確かに、相談はしていたから。

質問者A　そうですか。

天御祖神　エル・ミオーレ君ね。ついこの前、金星で頑張(がんば)っていた、エル・ミオーレ君ね。

質問者A　はい。

天御祖神　だから、第一次的責任は彼にあるかもしれないとは思うけど。私は「アドバイザー」だから、第一次的責任ではないんだけどね、エル・ミオーレ君が地球でうまくやれるように、アドバイスはしに来てたわねえ。

天御祖神と、天照大神（あまてらすおおみかみ）やその他の神々との関係

質問者B　天御祖神様が日本にご降臨されて以降、日本文明の大きな源流といいますか、流れができてきたと思うのですが、そうした大きな流れのなかで、日本神道の神々として、日本の主宰神（しゅさいしん）と呼ばれています天照大神（あまてらすおおみかみ）や、その他の神々の名が明らかにされています。そうした方々と天御祖神様とのご関係について、お伺（うかが）いできますでしょうか。

天御祖神　うーん。やっぱり、もとは、天照がベガ星のほうでやっていたからね。だから、エル・カンターレ君が〝人事異動〟を発令して、ベガから地球に呼ぶときに、「どこに入れるか」っていうことを考えたんじゃないかなあ。そういう感じ。

天御中主は、直近に、私がアンドロメダのほうをちょっと耕しているところもあって、彼は〝使いっ走り〟にちょうどいいぐらいなんでねえ。多動性で、よく宇宙を走り回っとるから、〝宇宙のメッセンジャー〟としては非常にいい人だからね。どこにでも神出鬼没するので、「ちょっと見て来い」っていう感じで、ときどき来ていたけど、あんまり、ずっと根を下ろすほどではなかった。まあ、最近よく地球に出ているんじゃないかなあ。

大川紫央　エル・カンターレ様は、ベガ星など、そのあたりも含めて、〝人事異動〟を発令できるお立場にあるということですか。

天御祖神　うん。もちろん、そうだと思うよ。

だから、地球がつながっているところ、直接つながっているところについては、総合的に、グループとして、〝幸福の科学グループ〟みたいな感じで、いちおう見ていると思うよ。

大川紫央　ＣＥＯのような（笑）。

ベガやプレアデスにおける至高神的存在の正体とは

質問者Ｂ　過去の宇宙人リーディングにおきまして、地球と縁（えん）が深いと言われている、ベガやプレアデス等の星々においても、エル・カンターレに当たる至高神的存在がいたということが明らかにされています。しかし、そのお名前や、「どういった教えを説いていたか」ということについては、まだ、われわれの知るところではございません。

もし、お許しいただけるのであれば、その一端なりとも明らかにしていただくことはできますでしょうか。

天御祖神　同一人物だよ。エル・ミオーレ君がエル・カンターレ君になったんで。エル・カンターレ君がこうなる前に、ベガとかプレアデスとか、いろんなところで、そこの星に合った名前を名乗っとっただけで、「同一人物」だよ。

質問者B　例えば、ベガやプレアデスにいたときの主のお名前を、あえて、現代の地球の言葉で言えば、どういったお名前だったのでしょうか。

天御祖神　まあ、エル・ミオーレからエル・カンターレの名前までの間に、ありうる名前を考えれば、そんな名前だろうよ。

うん、うん。付けてくれって言うなら付けたるが、「エル・ベガン」とかさあ。ハッハハッハッハ（笑）。「エル・ベガン」とかいいんじゃない？「エル・プレデスト」とか（注。本霊言収録後の二〇一八年十一月十二日、「ベガの主神　ヒームの霊言（れいげん）」の収録で、ベガにはエル・カンターレの本体とつながりのある至高神的存在として、主神ヒームがいることが判明した）。

質問者A　（笑）分かりました。ありがとうございます。

7　天御祖神が語る「宇宙の秘密」

宇宙の時間には「終わり」もなければ「始まり」もない

質問者Ａ　天御祖神様が感じていらっしゃる、さらに奥深い宇宙の始まりについて、お教えいただけないでしょうか。

天御祖神　ここ（幸福の科学）では「（宇宙の歴史は）一千億年」とか言ってはおるけど、そんな一千億年なんてのは、ついこの前の話だからさあ。

質問者Ａ　ああ、そうですか。

天御祖神　そういう小さい話を、子供騙(だま)しみたいに人間に聞かせても、しょうがねえなあ、と思ってるんだがなあ。

だからね、「宇宙の時間」って、山手線(やまのてせん)みたいなものなんで。グルグル回ってるからさ、「始まり」もなきゃ「終わり」もないのさ。まあ、東京駅を始発にしてもいいんだがな、始発は、また終点でもあるわけで。

だから、時間は、「ある」と言やあるが、「ない」と言やない。本当にな、宇宙のなかで循環(じゅんかん)してるんだよ。

時間が永遠に循環してるから、一千億年なんて、そんな切れるようなものじゃない。切れたら、それは、山手線みたいなものじゃなくて、東海道新幹線みたいに、横に伸(の)びてるものを考えてるということだろう。そういう時間で考えてる。直線的に、矢のように進む時間を考えてるってことだろう。

エル・カンターレ文明の流れのなかで「宇宙文明」が始まる

質問者A　そうしますと、この先、地球の視点から見て、未来の宇宙時代は、どのように進んでいくのでしょうか。

天御祖神　うーん、まあ、ここ百年ぐらいで、すごく〝面白い〟状態になると思うよ。

質問者A　面白い？

天御祖神　うん。で、君たちが、やっと、宇宙の仲間のレベルに追いつくからさ。追いついてくるから、これからもうすぐ。

そうすると、今まで知らなかった情報の〝蓋(ふた)〟が開(あ)いてくるから。ほかの星に呼ばれるようにもなるからさあ。行って帰ってこられるようになって、向こうからも姿を現せるようになって、交流がもうちょっとできるようになるんで。今のニューヨークが、いろんな国の国籍(こくせき)の人が来て発展しているように、宇宙の人が来たり、こっちから行ったりするような時代が、もうすぐやってくるよ。

それを起こすために、もう一(ひと)努力が要(い)るけどね。もう一努力しないといかないけど。でも、かなり近いところまで見えておるでなあ。

だから、「エル・カンターレが下生(げしょう)」と言うなら、「エル・カンターレ文明の流れのなかで、宇宙文明が始まる」はずだと思うよ。

君らは、もうちょっと頑張(がんば)らなきゃいけないけど、たぶん、この教えは、宇宙文明までつながる教えなんで。他の宇宙から〝遣唐使船(けんとうしせん)〟が来るか、こっちから〝遣唐使船〟を送るか知らんけど、文明交流がもうすぐ始まるさ。でも、そんなに先のことではないと思うなあ。

だから、君らは、「世界宗教」を目指さなきゃいけない。

キリスト教やイスラム教は、もう、みんな、過去のものになってきつつあるな。仏教も儒教も過去のものになってきてるから、おそらく〝吸い込まれ〟てくると思うので、君たちの教えてる、まあ、「エル・カンターレ教」でなければ、「ハッピー・サイエンス教」か何か知らんが、いちおう、これが地球の中心的な考えになって、ほかの星と交流する際の、地球のバックボーン的なものとならなきゃいけなくなるだろうな。

やっぱり、その星の文明の〝発達度〟を示さなきゃいけないんでね。「今、宇宙にはどの程度まで来ている」っていうのを見せて、また、その星のメシアと交渉しなきゃいけないけどねえ。まあ、交流可能であれば、文明交流が始まるだろうね。

君たちのところのメシアは、ある程度、いろんな惑星や銀河等にもつながりを持っているので、全宇宙のなかで、どのくらいの位置づけかは分かりにくいとは思うけれども、そんな悪くはないぐらいの力を持っているとは思うよ、きっとね。認識的にはね。

宇宙は大きいから、とてもじゃないが、すべてを認識するのは困難ではあるけれども、少なくとも、君らが望遠鏡で見える範囲ぐらいに関しては、一定の権限は及んでいると思うよ。

全宇宙の根本仏を認識することはできるのか

質問者A　全宇宙のメシア、総メシア、さらに、その上のメシアという、いわゆる根本仏とは……。

天御祖神　ああ、君、それを認識しようとしてるの？

質問者A　はい。

天御祖神　そこまでやらせるつもりか。それは二十次元以上行くぞ。そこまで行くと。

質問者A　もし、われわれに分かるレベルでお話を頂けるのであれば……。

天御祖神　諦めたほうがいい。

質問者A　諦めて……（苦笑）。

天御祖神　外がガラスになってて、街を見下ろせるエレベーターで上がって、夜景を見てるような、だから、見る視点が上がるだけのことだけどね。

質問者Ａ　天御祖神様は、ご認識はされている……。

天御祖神　うん？　してるわけないだろうが。そんなの、全部が分かるわけないだろう。

質問者Ａ　そうなのですか。

天御祖神　当たり前だろう。だから、「エル・カンターレ君」って言ってるだろう。「同質だ」って言ってるんだよ。

質問者A　いや、われわれの学んでいる教えでは、やはり、「『エル・カンターレ』イコール『根本仏』」と……。

天御祖神　うん。それは君たちの根本仏だよ。だけどねえ、「君たちが宇宙のどの部分にいるか」っていうのは、なかなか分かりにくいよ。

いやあ、君たちより、はるかに発達した宇宙がないことを祈っとくほうがいいかもしれないねえ。

「裏宇宙」は〝下水道〟のようなもの

質問者A　もし、さらにお分かりになるのであれば、「裏宇宙」という存在については……。

天御祖神　ああ、それはねえ、〝下水（げすい）〟だからいいんだよ。

質問者A　下水ですか。

天御祖神　〝下水道〟だから。必ず必要なものだから、しかたない。

質問者A　なるほど。「表と並び立つような大きなものではない」ということですね。

天御祖神　下水が流れないと、都市が成り立たないんだよ。それがないと、地上で一体化すると、悪臭(あくしゅう)を放って大変なことになるからねえ。上には、環状線、山手線が回ってるかもしれないし、あるいは首都高が走ってるかもしれないけど、地下には下水道の網(あみ)が回ってるんですわ。

天御祖神は「パラレルワールド」をどう認識しているのか

質問者A　もう一つ質問があります。天御祖神様は、パラレルワールドについて、どのようにご認識されていますか。

天御祖神　まあ、「パラレルワールド」などという、そんな〝軟弱(なんじゃく)な言葉〟で分かるように思っているのかどうかは知らんけど。君ら自体でさえ、少なくとも「二つ以上の世界」は生きているからね。

質問者Ａ　われわれもですか？

天御祖神　うーん。だから、一日のうち、八時間ぐらいは寝とるんだろう？　そのときにいる世界は、今、生きている世界じゃないだろう？

質問者Ａ　霊界です。

天御祖神　違うところへ行っているだろう？

質問者Ａ　はい。

天御祖神　その霊界で、自分が住んでいるところの中心の霊界を探検して帰ってくるだけのこともあるが、もうちょっと能力者になれば、それを超えた霊界まで行くようになるわなあ。時間的に「過去」へも「未来」へも行ったり、空間的にも超えていく場合はある。そういう経験をする人もいるんだよ。まあ、これもパラレルワールドではあるんだけどな。

ただ、まったく同じような人たちがいて、時間が流れていて、あなたと同じ人が、地表の裏側に住んでいるというのがパラレルワールドだと思っておるなら、若干、そういうものではないんだがなあ。

だから、「霊界の本当の秘密を解く」には、肉体に宿っているとちょっと分かりにくい。少し分かりにくい。

今のままの状態でパラレルワールドに参入すると、一般的には精神病院に行ってしまうかな。そこまでの認識はちょっと不能になるので。日中、起きている時間に、君たちが本当の意味でのパラレルワールドまで参入したければ、それは光速を超えなければいけないので。「光速を超えれば見える世界」ではあるけれども……。

これは、「マスター隆法」が説きたければ説くだろうし、説きたくなければ説かないだろうから、まあ、それは、時期があるんじゃないかなあ。これはヴィシュヌ神もよく知っていることではあるから。まあ、いずれそういうときも来るさ。

ただ、君たちはまだ、英語の単語を覚えなきゃいけない時代だから、そんなに難しいことは考えないほうがいいんじゃないか？

質問者A　分かりました。

8　日本人のルーツにある「宇宙パワー」

映画「世界から希望が消えたなら。」の〝ヒーリングパワー〟とは

質問者B　もうそろそろ、お時間も迫ってまいりました。

天御祖神　そうだな。

質問者B　この天御祖神様からの霊言が公開されるのは、映画「世界から希望が消えたなら。」が公開される前になると思うのですが、この映画の主人公は「御祖真」という名前になっています。

天御祖神様は、主人公の名前について何かインスピレーションを降ろされたことはございますでしょうか。

天御祖神　……まあ、名前ぐらい、ちょっとは貸してやろうかと思った。

質問者B　この作品を通して、私たちは、映画をご覧になる方々に、どのようなことを伝えていけばよろしいでしょうか。

天御祖神　そうだ、さっき、ちょっと言うのを忘れたが、天御祖神でいたときの民間の人々の信仰（しんこう）を集める一つは、「ヒーリングパワー」ではあった。みなが寄ってきて、帰依（きえ）してくる理由は、やっぱり、いろんな病気が治る力がすごく強かったんでね。

何て言うか、まあ、放射能ではないけれども、ある意味での「宇宙パワー」の一つだけどね。それを浴びると、地球の病気ぐらいなら治っちゃうものがけっこうあるのさ。

それから、もう一つは、今言ったとおり、「時間軸」のところで、もう一回、再起動させるように「時間を〝戻しちゃう〟ことができる」んでね。だから、元気な体に戻せるんだよ。今、病気になっている人も元気な体に戻せる。戻すと、機能が再生することが起きるんだよなあ。

そうした、あなたがたの知らないような「宇宙線」、「宇宙の放射線」みたいなもので治癒を起こす場合もあるけれども。もう一つは、病気になるのは、何か原因があって、結果として、それが現象化してきているのだけれども、「その原因行為のもとに立ち戻らせる」ということをやるわけよね。「その原因行為が起きる前の心を、正しい心に入れ替える」ということを起こすんだよ。そうするとなあ、現象としての病気が治って、いろんなものが再生してくる機能はあるんでね。だから、寿命なんかもねえ、あってなきがごとしだよ。

永遠に続くようにつくられた「人生経験の仕組み」とは

天御祖神　でも、これは、日本の神話で、もうすでに知られていることだから。「浦島太郎」の神話とかでは、「竜宮城で三年いたら、それが三百年になっていた」とかなあ。そんなのもあるし、それは「海幸・山幸」の物語でも同じだよなあ。乙姫様に接待されているうちに時間がたってしまったというのと、同じような話がある。

それは、光速を超えて宇宙旅行をしたりすると、その帰ってくる時点の設定が上手でなければ、時代は、どんどん先に行ってしまうこともあるし、昔に戻ってしまうこともあるんでね。

さっき、山手線のたとえを言ったけれども、本当を言うと、ダイヤはもっと過密で、山手線を一つの「時間のリング（輪）」としても、宇宙には、その山手線みたいなものが〝何重〟にも走っているのさ。

だから、そのリングのなかに入っているものは、そこから出られないんだけど、ここから〝隣のリング〟、隣の山手線に瞬間移動した場合は、「別の時空間に移る」というあたりのことで、パラレルワールドもちょっと近いんだけどね。「別の時空間」に入ると、「別の時間」の流れに入る。

要するに、「人間の人生経験が永遠に続くようにつくってある」のさ。

だから、「あるときにこういうことがあって、こういう歴史ができてくる」という流れが一つあるんだけど、それは、その山手線に乗っているかぎり、必ず、その順番に駅を通っていくことになるわな。だけど、違った山手線と交錯しているところがあるので、それを飛び移ることができれば、また、「別の人類」の始•

まりから終わりまでの経験をするようになる。

実は、何重にも山手線の輪っかは重なって存在しているのさ。だから、パラレルワールドっていうのは、二重じゃなくて、並行するんじゃなくて、その時空間は、実はもう〝何重〟にも流れている。これは、アインシュタインだって見えていない、ホーキングも分からない世界だけど、君らのマスターは、たぶん知っている。だから、教えることができるときも来るかもしれないね。まあ、私もそういうものを使っているほうだから。

だから、過去・現在・未来も一点だし、地球も、ベガも、プレアデスも、アンドロメダも、ほかの星も、実は、「次は、恵比寿ー」「次は、渋谷ー」「原宿ー」「新宿ー」と、乗っていれば勝手に動いていくというような、まあ、こんなものでねえ。降り損ねたら、一時間待っていれば、もう一回、回ってくるのさ。まあ、そういうもので、〝宇宙旅行〟しているんでね。そういうものなんですよ。

そのすべての運行がうまくいっているかどうかを見ている立場であるんでね。

まあ、そういうものなんだよ。

だけど、「休み」が要るからね。「休み」のときには交替できるように、交替要員を持っているのさ、何人かはな。まあ、そういうことだ。

日本文明は二千年よりもはるかに古い

天御祖神　私が、そのエル・ミオーレ君やエル・カンターレ君や、アルファ君やエローヒム君と、どういう関係にあるかということは難しいことではあるが、少なくとも、日本文明がこれだけ〝短く〟されて、「日本文明はわずか二千年以内のものだ」と思われているようであっては、私が名乗るわけにはいかないので、〝パラレルワールドに生きている日本の主導神〟としか言いようがない。
私は、今回で、顔が〝表にちょっと出るかも〟っていうあたりかな。まあ、反対車線に走っている電車の窓から、「あれ？　誰(だれ)かが乗っていたような……」っていうところで通り過ぎるだけではあるけどな。

「君」で呼んだからって、〝格下〟だと言っているわけじゃないんだよ。「今、やっている仕事がちょっと違う」っていうだけのことだからね。うん。同質だよ。同一人物だよ。同一人物……、人物じゃないな。〝同一神仏(しんぶつ)〟？　うん？　ちょっと分からん。まあ、そんなようなもんだ。うん。

大川紫央　でも、日本神道(しんとう)の大元締(おおもとじ)めといいますか、ルーツに、天御祖神様がいらっしゃるということは、ぜひとも、日本の方々にはお知りおきいただきたい真実であると思います。

天御祖神　うん、そうなんだよ。

大川紫央　映画をきっかけにしてではありますけれども、日本神道のなかにも、そういう偉大な神様がトップにいらっしゃるということを、できるだけ知ってほしいと思っています。

天御祖神　うん。トス神君も、今は、トランプ君を指導しているところだからねえ。だから、今、トランプ君を使って世界を指導しているので、よく連携してやろうとしているんじゃないかなあ。うん。

エル・カンターレの魂が日本の文明に携わるのは二度目？

大川紫央　最後に一点お伺いしたいのですけれども、幸福の科学が始まってから現在まで、大川隆法総裁先生の魂が日本に生まれたのは初めてであるというような教えもありました。ただ、ここまで教えの範囲が大きくなってきたこともあって、このたび、天御祖神様も出てきてくださることができたのだと思います。

そういう意味では、総裁先生の魂が日本の文明に携わってくださったのは、「二度目」と考えてよいのでしょうか。

天御祖神　まあ、天から降ってきたからねえ。その意味では、「日本人として生まれた」というわけではないから。

だけど、日本に降りたから日本人ではある。多国籍、まあ、〝二重国籍〟かな？　ほかの神様もそうだよ。昔、出ている天空神たちはみな、〝二重国籍〟の方々だから。

古代の人たちは、「神」と「宇宙人」との区別はつかないんでね。両方一緒でもあるんだけど、違う場合もあるので。九州に降りた者も、奈良あたりに降りた者もあるし、富士山のあたりに降りた者もある。まあ、いろいろなところに降りたんだけどね。

私が言いたいことは、「ユダヤとか、インドとか、中国とか、ヨーロッパとか、まあ、そういうものに引けを取るような日本ではないんだ」ということを知っておいてほしいし、「（日本には）ムーの残留が来た」と言っているが、それは事実ではあるけれども、「そのムーにも影響を与えた存在が、日本なんだ」ということを知っておいてほしいな。

でも、これは、〝最近〟の話だ。ここ数万年の話で、それが何億年の話ということなら、またちょっと話が違ってくるから、まあ、いろいろだね。

もし、私の言うことの裏が取りたければ、それは、アルファ君とか、エローヒム君とか、まあ、そのへんに訊いてやってくれよ。どこまで正しいかは知らんけど。彼らが日本を認識していればの話だがな。うん。

私は、いちおう体を持って姿を現し、神として祀(まつ)られたものである。木の宮殿(きゅうでん)であったために、今、遺(のこ)っていないのが残念である。

今、富士山の裾野(すその)にはいろんな宗教がいっぱい集まってきているが、やっぱり、あそこには集まってきやすい磁場(じば)があるようではあるなあ。君らも、そのうち、どうにかしなきゃいけないから。

私が来たときは、直前、富士山が噴火(ふんか)しとってな、止(と)めに来たんだよ。

質問者Ａ　止められたんですか？

天御祖神　うん。止めた。噴火を止めた。いったん噴火を止めた。うん。噴火を止めて、木々を茂(しげ)らせて。いったん、ちょっと止めに来たものではあるけどね、うん。

地球の危機のときには宇宙レベルでの救援に入ることもありうる

質問者B　私からの最後の質問ですが、今、天御祖神様がこうして霊的にご降臨くださっているということは、この日本が、また非常に重大な岐路に立っているのではないかと思います。今後、私たち日本人は、どのような心掛けで生きていけばよいのでしょうか。

天御祖神　まあ、岐路っていうわけじゃないがね。

水先案内人で、君らはナビゲーターにならなきゃいけないんで。「地球文明のナビゲーター」としての使命を持っているからさ。船の舳先に立って見ている状況だから、「そういう使命はあるよ」ということで。地球文明のこれからの行く末について、あるいは予言し、指し示さなければいけないということだよね。

次、「宇宙文明との交流」が始まるから、今、その前の段階のところをやらなきゃいけないということだ。

「地球の危機」はまだ幾（いく）つか予定されているものがあるから、それをどう乗り切るか。エル・カンターレとエル・カンターレの弟子（でし）たちが、二十一世紀をどう乗り切っていくか。これを見ていなければならない。

まあ、いざというときは、「宇宙レベルでの救援（きゅうえん）に入る」ことが私の仕事さ。直接的なことをあまりやる気はないんだけど、〝宇宙レベルの救済〟が必要なときには介入（かいにゅう）をしていくということだね。

君らは「レプタリアンだ、何だ」ってすごく怖（こわ）がっているようだけど、私から見れば、そんなものは、まあ、〝フマキラー〟をシュフーッと噴射すれば、みんな全滅（ぜんめつ）するレベルのものであるので、まあ、最後は、何かあったら頼（たの）みなさいよ。

だから、信仰心の欠片（かけら）でも呼び起こすように、日本人に呼びかけておいてほしいなあ。エル・カンターレ君が頑張(がんば)っているから、それでやるだろう。悟(さと)りにおいては、先ほどの、「多次元宇宙」の「多次元パラレルワールド」まで、実は悟ってはいるから、その教えは、必要であれば、たぶん説かれるであろうと思うよ。うん、うん。

質問者A　はい。では、本日は、まことにありがとうございました。

天御祖神　（大川紫央に）君の姿とか言わなくていいのか。

質問者A　では、お願いいたします。

天御祖神　美しい女性であった。

質問者Ａ　一緒に降りてきたのでしょうか。

天御祖神　そんなことはないよ。彼女は〝地球産〟だから、そんなことはない。彼女は、エル・ミオーレ、エル・カンターレの魂の内側から創られた存在であるので、ほかの人種とはちょっと違うんだよ、うん。「魂の分け御魂（みたま）」として、特別に創られたものだから。うん。

質問者Ａ　本日は、まことにありがとうございました。

天御祖神　はい。

9　まだまだ奥（おく）がある天御祖神の教え

大川隆法　（手を三回叩（たた）く）変わった方でいらっしゃいました。

質問者Ａ　（笑）

大川隆法　前回は、おそらく、□□さん（第1章の質問者Ａ）の質問に答えたくなくて、日本語を話さなかったのではないかと思われます。彼とやり取りをすると〝マンガみたい〟になるから、嫌（いや）だったのかもしれません。

ただ、「ほかの仕事をしていたのも事実」なのでしょう。

質問者Ａ　なるほど。そうですね。

大川隆法　もうちょっと、教えがもう少し広がって、多少聞く耳を持ってもらわなければ、あまり何もかもは言えないというところなのでしょう。

「ホーキングやアインシュタインに訊くよりは、こちらの言っていることのほうが分かっている」というようなことを、みなが認識してくれるようになれば、もう少し言いやすくなるけれども、日本の〝マスコミ民主主義〟にも低次元なものがあるので、宗教に「本来の尊敬」が戻ってこなければ、本当のことは言われないこともあるのでしょう。

ただ、かなり余裕のある方のようには見えるので、「まだまだ、まだまだ」ではあるようですね。

以上です。

質問者一同　ありがとうございました。

あとがき

私が今まで説いてきた法の中でも異質性のある一書である。

約三万年前に、アンドロメダ銀河から約二十万人の大船団を組んで富士山のすそ野に着陸したと語る天御祖神。

いずれ、もっともっと具体的なことが詳しく判ってくるとは思うが、神武東征の二万七千数百年前に、日本の大神が実在したとする本書は、始原の神アルファが三億三千万年前に出現したとする「エル・カンターレの法」からみれば驚くには値しないだろう。

日本人がこの国に生まれたことを心から誇りに思えるとともに、「エル・カンターレの法」がこの国から発信されている理由も、本書を読まれたら納得されるだろう。いずれにせよ、書店で一般売りする本ではないかもしれない。偶然にでも本書を入手された方は、貴重なものとして取り扱ってほしい。

二〇一九年　一月十三日

幸福の科学グループ創始者兼総裁　大川隆法

『天御祖神の降臨』関連書籍

『太陽の法』（大川隆法 著　幸福の科学出版刊）
『信仰の法』（同右）
『天御祖神文明の真実』（同右）
『超古代リーディング・天御祖神と日本文明の始まり』（同右）
『日本神道的幸福論』（同右）
『真の平和に向けて』（同右）
『大川隆法　初期重要講演集　ベストセレクション①』（同右）
『霊界散歩』（同右）
『宗教選択の時代』（同右）
『されど、大東亜戦争の真実　インド・パール判事の霊言』（同右）

『公開霊言 超古代文明ムーの大王 ラ・ムーの本心』(同右)

※左記は書店では取り扱っておりません。最寄りの精舎・支部・拠点までお問い合わせください。

『アルファの法』(大川隆法 著　宗教法人幸福の科学刊)

天御祖神の降臨

――古代文献『ホツマツタヱ』に記された創造神――

2019年1月30日　初版第1刷
2024年6月28日　第2刷

著　者　大川隆法

発行所　幸福の科学出版株式会社
〒107-0052 東京都港区赤坂2丁目10番8号
TEL(03)5573-7700
https://www.irhpress.co.jp/

印刷・製本　株式会社 堀内印刷所

落丁・乱丁本はおとりかえいたします

ISBN978-4-8233-0044-8 C0014
カバー vchal / Shutterstock.com
p.21 A🄫ineko ／ p.30 be hiro/PIXTA ／ p.140 時事
装丁・イラスト・写真（上記・パブリックドメインを除く）©幸福の科学

大川隆法が明かす日本文明の真実

◆ 大和の国を創りし日本文明の祖 ◆

「天御祖神の降臨」講義 ★

CD

El Cantare
大川隆法
Original Songs

天御祖神の夢／天御祖神の降臨 ●

3万年前、日本に降臨し、超古代文明を築いた天御祖神。「武士道」の源流でもある日本民族の祖が明かす、日本文明のルーツや、神道の奥にある真実、そして宇宙との関係──。歴史の定説を超越した秘史に迫ります。

◆ 天御祖神文明の真実 ◆

天御祖神文明の真実 ☆

超古代リーディング・天御祖神と日本文明の始まり ☆

天御祖神の実在や、日本民族の起源、宇宙とのかかわりなどが、当時の真相を知る霊人から明らかにされます。「日本文明3万年説」を提言する衝撃の書です。

☆…幸福の科学出版刊　★…宗教法人幸福の科学刊（会内経典）　●……ARI Production
★の詳細は、最寄りの幸福の科学の精舎・支部・拠点までお問い合わせください。

大川隆法ベストセラーズ・世界のあるべき姿

地球を包む愛

人類の試練と地球神の導き

日本と世界の危機を乗り越え、希望の未来を開くために──。天御祖神の教えと、その根源にある主なる神「エル・カンターレ」の考えが明かされた、地球の運命を変える書。

1,760 円

減量の経済学

やらなくてよい仕事はするな

今こそ勤勉の精神を取り戻すとき──。仕事や家計、政府の政策の"無駄"を見極める、本当の「新しい資本主義」を提言。第２章に「天御祖神の経済学」を収録。

2,200 円

現代の武士道

洋の東西を問わず、古代から連綿と続く武士道精神──。その源流を明かし、強く、潔く人生を生き切るための「真剣勝負」「一日一生」「誠」の心を語る。

1,760 円

幸福実現党宣言

この国の未来をデザインする

政治と宗教の真なる関係、「日本国憲法」を改正すべき理由など、日本が世界を牽引するために必要な、国家運営のあるべき姿を指し示す。

1,760 円

幸福の科学出版

※表示価格は税込10％です。

大川隆法ベストセラーズ・主なる神エル・カンターレを知る

信仰の法

地球神エル・カンターレとは

さまざまな民族や宗教の違いを超えて、地球をひとつに──。文明の重大な岐路に立つ人類へ、「地球神」からのメッセージ。

2,200円

永遠の法

エル・カンターレの世界観

すべての人が死後に旅立つ、あの世の世界。天国と地獄をはじめ、その様子を明確に解き明かした、霊界ガイドブックの決定版。

2,200円

永遠の仏陀

不滅の光、いまここに

すべての者よ、無限の向上を目指せ──。大宇宙を創造した久遠の仏が、生きとし生けるものへ託した願いとは。

1,980円

〔携帯版〕

1,320円

〔携帯版〕

幸福の科学の十大原理（上巻・下巻）

世界171カ国以上に信者を有する「世界教師」の初期講演集。幸福の科学の原点であり、いまだその生命を失わない熱き真実のメッセージ。

各1,980円

※表示価格は税込10%です。

大川隆法ベストセラーズ・人生の目的と使命を知る

初期講演集シリーズ 第1～7弾!

「大川隆法　初期重要講演集 ベストセレクション」シリーズ

幸福の科学初期の情熱的な講演を取りまとめた講演集シリーズ。幸福の科学の目的と使命を世に問い、伝道の情熱や精神を体現した救世の獅子吼（ししく）がここに。

【各 1,980 円】

1. 幸福の科学とは何か
2. 人間完成への道
3. 情熱からの出発
4. 人生の再建
5. 勝利の宣言
6. 悟りに到る道
7. 許す愛

1

2

3

4

5

6

7

メタトロンの霊言
「危機の時代の光」

地球的正義が樹立されない限り、コロナ感染も天変地異も終わらない──。メシア資格を持つ宇宙存在によって、地球全体を覆う諸問題や今後の世界の展望が明かされる。

1,540円

 メタトロンの悲しみ

作詞・作曲 大川隆法

発売 ARI Production

いて座・インクルード星のメシアであり、イエス・キリストの宇宙の魂の一部であるメタトロンの愛と慈悲のメッセージ。

1,100円

ヤイドロンの霊言
「世界の崩壊をくい止めるには」

地球の未来を拓くために、私たち人類にできることとは。最悪のシナリオを防ぎ、中国の計略から地球の正義を守るための、メシア資格を持つ宇宙存在からの「一喝」。

1,540円

 ヤイドロンの勇気

作詞・作曲 大川隆法

発売 ARI Production

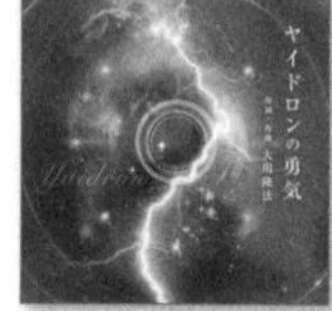

マゼラン銀河・エルダー星のメシアであるヤイドロン。地球を護り続けてきた正義の神の存在と、その強さの根源について歌われる。

1,100円

※表示価格は税込10%です。

大川隆法ベストセラーズ・宇宙時代の真理とは何か

不滅の法

宇宙時代への目覚め

地球の未来を拓くために――。「霊界」「奇跡」「宇宙人」の存在など、物質文明が封じ込めてきた不滅の真実が解き放たれる。

2,200円

神秘の法

次元の壁を超えて

この世とあの世を貫く秘密を解き明かし、あなたに限界突破の力を与える書。この真実を知ったとき、底知れぬパワーが湧いてくる！

1,980円

R・A・ゴール
地球の未来を拓く言葉

今、人類の智慧と胆力が試されている――。コロナ変異種拡大の真相や、米中覇権争いの行方など、メシア資格を有する宇宙存在が人類の未来を指し示す。

1,540円

CD R・A・ゴールの慈悲

作詞・作曲 大川隆法
発売 ARI Production

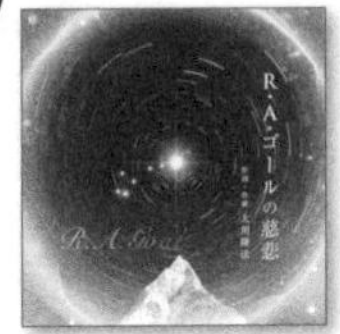

こぐま座・アンダルシアβ星のメシアであるR・A・ゴールによる、「欲望を捨てる修行」の大切さが歌われた楽曲。

1,100円

公開霊言　古代インカの王
リエント・アール・クラウドの本心

7千年前の古代インカは、アトランティスの末裔が築いた文明だった。当時の王、リエント・アール・クラウドが語る、宇宙の神秘と現代文明の危機。

1,540円

公開霊言 ギリシャ・エジプトの古代神
オフェアリス神の教えとは何か

全智全能の神・オフェアリス神の姿がついに明らかに。復活神話の真相や信仰と魔法の関係など、現代人が失った神秘の力を呼び覚ます奇跡のメッセージ。

1,540円

アトランティス文明の真相

大導師トス アガシャー大王 公開霊言

信仰と科学によって、高度な文明を築いたアトランティス大陸は、なぜ地上から消えたのか。その興亡の真相がここに。

1,320円

トス神降臨・インタビュー
アトランティス文明・
ピラミッドパワーの秘密を探る

アンチエイジング、宇宙との交信、死者の蘇生、惑星間移動など、ピラミッドが持つ神秘の力について、アトランティスの「全智全能の神」が語る。

1,540円

※表示価格は税込10%です。

幸福の科学グループのご案内

宗教、教育、政治、出版などの活動を通じて、地球的ユートピアの実現を目指しています。

幸福の科学

一九八六年に立宗。信仰の対象は、地球系霊団の最高大霊、主エル・カンターレ。世界百七十一カ国以上の国々に信者を持ち、全人類救済という尊い使命のもと、信者は、「愛」と「悟り」と「ユートピア建設」の教えの実践、伝道に励んでいます。

（二〇二四年六月現在）

愛

幸福の科学の「愛」とは、与える愛です。これは、仏教の慈悲(じひ)や布施(ふせ)の精神と同じことです。信者は、仏法真理をお伝えすることを通して、多くの方に幸福な人生を送っていただくための活動に励んでいます。

悟り

「悟り」とは、自らが仏の子であることを知るということです。教学(きょうがく)や精神統一によって心を磨き、智慧(ちえ)を得て悩みを解決すると共に、天使・菩薩(ぼさつ)の境地を目指し、より多くの人を救える力を身につけていきます。

ユートピア建設

私たち人間は、地上に理想世界を建設するという尊い使命を持って生まれてきています。社会の悪を押しとどめ、善を推し進めるために、信者はさまざまな活動に積極的に参加しています。

幸福の科学の教えをさらに学びたい方へ

心を練る。叡智を得る。
美しい空間で生まれ変わる——

幸福の科学の精舎

幸福の科学の精舎は、信仰心を深め、悟りを向上させる聖なる空間です。全国各地の精舎では、人格向上のための研修や、仕事・家庭・健康などの問題を解決するための助力が得られる祈願を開催しています。研修や祈願に参加することで、日常で見失いがちな、安らかで幸福な心を取り戻すことができます。

総本山・正心館

総本山・未来館

総本山・日光精舎

総本山・那須精舎

東京正心館

全国に27精舎を展開。

運命が変わる場所——

幸福の科学の支部

幸福の科学は1986年の立宗以来、「私、幸せです」と心から言える人を増やすために、世界各地で活動を続けています。
国内では、全国に400カ所以上の支部が展開し、信仰に出合って人生が好転する方が多く誕生しています。
支部では御法話拝聴会、経典学習会、祈願、お祈り、悩み相談などを行っています。

海外支援・災害支援

幸福の科学のネットワークを駆使し、世界中で被災地復興や教育の支援をしています。

自殺を減らそうキャンペーン

毎年２万人以上の方の自殺を減らすため、全国各地でキャンペーンを展開しています。

公式サイト **withyou-hs.net**

自殺防止相談窓口

受付時間　火～土:10～18時（祝日を含む）

TEL **03-5573-7707**　メール **withyou-hs@happy-science.org**

視覚障害や聴覚障害、肢体不自由の方々と点訳・音訳・要約筆記・字幕作成・手話通訳等の各種ボランティアが手を携えて、真理の学習や集い、ボランティア養成等、様々な活動を行っています。

公式サイト **helen-hs.net**

入会のご案内

幸福の科学では、主エル・カンターレ 大川隆法総裁が説く仏法真理をもとに、「どうすれば幸福になれるのか、また、他の人を幸福にできるのか」を学び、実践しています。

仏法真理を学んでみたい方へ

主エル・カンターレを信じ、その教えを学ぼうとする方なら、どなたでも入会できます。入会された方には、『入会版「正心法語」』が授与されます。

入会ご希望の方はネットからも入会申し込みができます。

happy-science.jp/joinus

信仰をさらに深めたい方へ

仏弟子としてさらに信仰を深めたい方は、仏・法・僧の三宝への帰依を誓う「三帰誓願式」を受けることができます。三帰誓願者には、『仏説・正心法語』『祈願文①』『祈願文②』『エル・カンターレへの祈り』が授与されます。

幸福の科学 サービスセンター
TEL 03-5793-1727
受付時間／火～金:10～20時 土・日祝:10～18時（月曜を除く）

幸福の科学 公式サイト
happy-science.jp

幸福実現党

内憂外患（ないゆうがいかん）の国難に立ち向かうべく、2009年5月に幸福実現党を立党しました。創立者である大川隆法党総裁の精神的指導のもと、宗教だけでは解決できない問題に取り組み、幸福を具体化するための力になっています。

幸福実現党　党員募集中

あなたも幸福を実現する政治に参画しませんか。

＊申込書は、下記、幸福実現党公式サイトでダウンロードできます。
住所：〒107-0052
東京都港区赤坂2-10-8 6階 幸福実現党本部

TEL 03-6441-0754　FAX 03-6441-0764
公式サイト hr-party.jp

HS政経塾

大川隆法総裁によって創設された、「未来の日本を背負う、政界・財界で活躍するエリート養成のための社会人教育機関」です。既成の学問を超えた仏法真理を学ぶ「人生の大学院」として、理想国家建設に貢献する人材を輩出するために、2010年に開塾しました。これまで、多数の地方議員が全国各地で活躍してきています。

TEL 03-6277-6029
公式サイト hs-seikei.happy-science.jp

ハッピー・サイエンス・ユニバーシティ

Happy Science University

ハッピー・サイエンス・ユニバーシティとは

ハッピー・サイエンス・ユニバーシティ（HSU）は、
大川隆法総裁が設立された「日本発の本格私学」です。
建学の精神として「幸福の探究と新文明の創造」を掲げ、
チャレンジ精神にあふれ、新時代を切り拓く人材の輩出を目指します。

人間幸福学部　経営成功学部　未来産業学部

HSU長生キャンパス TEL **0475-32-7770**
〒299-4325　千葉県長生郡長生村一松丙 4427-1

未来創造学部

HSU未来創造・東京キャンパス
TEL **03-3699-7707**
〒136-0076　東京都江東区南砂2-6-5

公式サイト **happy-science.university**

学校法人 幸福の科学学園

学校法人 幸福の科学学園は、幸福の科学の教育理念のもとにつくられた教育機関です。人間にとって最も大切な宗教教育の導入を通じて精神性を高めながら、ユートピア建設に貢献する人材輩出を目指しています。

幸福の科学学園

中学校・高等学校（那須本校）
2010年4月開校・栃木県那須郡（男女共学・全寮制）
TEL **0287-75-7777** 公式サイト **happy-science.ac.jp**

関西中学校・高等学校（関西校）
2013年4月開校・滋賀県大津市（男女共学・寮及び通学）
TEL **077-573-7774** 公式サイト **kansai.happy-science.ac.jp**

仏法真理塾「サクセスNo.1」

全国に本校・拠点・支部校を展開する、幸福の科学による信仰教育の機関です。小学生・中学生・高校生を対象に、信仰教育・徳育にウエイトを置きつつ、将来、社会人として活躍するための学力養成にも力を注いでいます。

TEL 03-5750-0751（東京本校）

エンゼルプランV

東京本校を中心に、全国に支部教室を展開。信仰をもとに幼児の心を豊かに育む情操教育を行い、子どもの個性を伸ばして天使に育てます。

TEL 03-5750-0757（東京本校）

エンゼル精舎

乳幼児が対象の、託児型の宗教教育施設。エル・カンターレ信仰をもとに、「皆、光の子だと信じられる子」を育みます。
（※参拝施設ではありません）

不登校児支援スクール「ネバー・マインド」

TEL 03-5750-1741

心の面からのアプローチを重視して、不登校の子供たちを支援しています。

ユー・アー・エンゼル！（あなたは天使！）運動

障害児の不安や悩みに取り組み、ご両親を励まし、勇気づける、障害児支援のボランティア運動を展開しています。

一般社団法人 ユー・アー・エンゼル

TEL 03-6426-7797

NPO活動支援

学校からのいじめ追放を目指し、さまざまな社会提言をしています。また、各地でのシンポジウムや学校への啓発ポスター掲示等に取り組む一般財団法人「いじめから子供を守ろうネットワーク」を支援しています。

公式サイト mamoro.org　ブログ blog.mamoro.org

相談窓口 TEL.03-5544-8989

百歳まで生きる会～いくつになっても生涯現役～

「百歳まで生きる会」は、生涯現役人生を掲げ、友達づくり、生きがいづくりを通じ、一人ひとりの幸福と、世界のユートピア化のために、全国各地で友達の輪を広げ、地域や社会に幸福を広げていく活動を続けているシニア層（55歳以上）の集まりです。

【サービスセンター】TEL 03-5793-1727

シニア・プラン21

「百歳まで生きる会」の研修部門として、心を見つめ、新しき人生の再出発、社会貢献を目指し、セミナー等を開催しています。

【サービスセンター】TEL 03-5793-1727